# Erstaunliche Welt der Ozeane

*Annie Roth*
*Illustriert von Tim Smart*

DK

**Text** Annie Roth
**Illustrationen** Tim Smart
**Fachliche Beratung** Dr. Jonathan Dale

**Lektorat** Sophie Parkes, Sarah MacLeod, Robin Moul, Dawn Sirett, Penny Smith, Sarah Larter
**Gestaltung und Bildredaktion** Claire Patane, Sif Nørskov, Samantha Richiardi, Karen Hood, Sakshi Saluja, Mabel Chan
**Umschlaggestaltung** Charlotte Bull, Claire Patane
**Herstellung** Becky Fallowfield, John Casey

Für die deutsche Ausgabe:
**Verlagsleitung** Monika Schlitzer
**Programmleitung** Heike Faßbender
**Redaktionsleitung** Martina Glöde
**Projektbetreuung** Angelika Herre
**Herstellungsleitung** Dorothee Whittaker
**Herstellungskoordination** Claudia Rode
**Herstellung** Julia Fink

Titel der englischen Originalausgabe:
Amazing Oceans



**Übersetzung** Michael Kokoscha
**Lektorat** Elena Bruns

ISBN 978-3-8310-4938-7

**Druck und Bindung** Leo Paper Products, China

MIX
Papier | Fördert gute Waldnutzung
FSC® C018179

**www.dk-verlag.de**

# INHALT

# EINLEITUNG

Voller Leben und ungelöster Rätsel gehören die Meere zu den wunderbarsten Lebensräumen der Erde. Von der sonnendurchfluteten Oberfläche bis zur stockfinsteren Tiefsee gibt es unglaublich viel zu entdecken.

Wale, die so groß sind wie Raumschiffe, Tintenfische, die blitzschnell ihre Farbe verändern, und im Dunkeln leuchtende Haie gehören zu den Tausenden von Tieren, die die Meere ihre Heimat nennen. Vermutlich gibt es noch Hunderttausende von Arten, die bisher noch nicht entdeckt worden sind. Doch nicht nur ihre Bewohner machen die Meere so faszinierend. Die Unterwasser-Solebecken, die aktiven Vulkane und die scheinbar unendlich tiefen Gräben lohnen ebenfalls, betrachtet zu werden.

Die Meere bedecken 71 Prozent der Erdoberfläche, doch wir haben bisher nur einen Bruchteil dieser Gewässer erkundet. Und je genauer wir uns mit den Meeren beschäftigen, desto mehr bemerken wir, wie wichtig sie für uns sind. Sie spielen eine enorme Rolle bei der Kontrolle unseres Klimas und ihre Algen und Tiere versorgen uns mit Nahrung und Sauerstoff.

In diesem Buch entdeckst du die erstaunlichsten Bewohner der Ozeane und ihre unglaubliche Unterwasserlandschaft. Also hol tief Luft, denn wir tauchen nun ab, in die faszinierenden Meere unserer Erde.

*Annie Roth*

# WELTKARTE

## Ozeane, Meere und Seen

Alle Meere (oder Ozeane) und Nebenmeere (auch als Seen bezeichnet) sind miteinander verbunden. Es gibt etwa 50 Nebenmeere, aber nur fünf Ozeane. Sie alle haben ihren eigenen Temperaturbereich und bestimmte Strömungen. Obwohl die Ozeane durch die Festlandmassen (Kontinente) voneinander getrennt sind, findet ein ständiger Wasseraustausch statt. Nebenmeere sind kleiner und oft teilweise vom Land eingeschlossen.

NORDPOLARMEER
Barents-
see
Kara-
see
Laptew-
see
Ostsibirische
See
Ostsee
Europa
Asien
Ochots-
kisches
Meer
Schwarzes
Meer
Kaspisches
Meer
Japa-
nisches
Meer
Mittelmeer
Ost-
chinesisches
Meer
PAZIFISCHER
OZEAN
Marianen-
graben
östlich der
Philippinen
Rotes
Meer
Arabisches
Meer
Golf
von
Benga-
len
Süd-
chinesisches
Meer
Afrika
INDISCHER
OZEAN
Timor-
see
Korallen-
see
Pottwale tauchen
auf der Jagd nach
Kalmaren un-
glaublich tief.
Ozeanien
Route der Küsten-
seeschwalbe von
der Arktis zur
Antarktis
Tasman-
see
Die als Seewespe bezeich-
nete Würfelqualle ist eins
der giftigsten Meerestiere.
Die Küstenseeschwalbe fliegt zwischen
der Arktis und der Antarktis hin und
her. Auf dem Weg nach Süden fliegt
sie über Afrika, auf dem Weg nach
Norden über Amerika.
N
W
O
S
Ross-
meer
Antarktika

In den Meeren leben 94 Prozent aller Lebewesen der Welt.

# WASSERWELT

Es ist kein Wunder, dass die Erde auch blauer Planet genannt wird – die Meere bedecken den größten Teil der Erdoberfläche und enthalten 97 Prozent allen Wassers. Sie sind so riesig, dass wir bisher nur 20 Prozent von ihnen erforscht haben. Wir wissen also mehr über die Oberfläche des Mars als über manche Gebiete der Tiefsee! Das ist allerdings nicht überraschend, denn die tiefsten Gräben dort könnten leicht die höchsten Berge verschlucken – und es wäre immer noch Platz übrig. Was die Meere angeht, ist nur eins sicher: Es gibt noch viel zu entdecken!

*Die Meere bedecken 71 Prozent der Erdoberfläche. Nur 29 Prozent bestehen aus Land.*

EPIPELAGIAL

MESOPELAGIAL

BATHYPELAGIAL

ABYSSOPELAGIAL

HADOPELAGIAL

### Epipelagial

*Das Epipelagial reicht von der Oberfläche bis in etwa 200 m Tiefe. Hier leben mehr Organismen als in jeder anderen Zone. Das Sonnenlicht ermöglicht Algen die Fotosynthese, mit der sie ihre Nahrung erzeugen.*

# TIEFENZONEN

Die Meere können in fünf Tiefenzonen unterteilt werden: Epi-, Meso-, Bathy-, Abysso- und Hadopelagial. Einige Lebewesen verlassen nie die Tiefenzone, in der sie geboren wurden, während andere im Verlauf eines Tages verschiedene Zonen aufsuchen.

### Bathypelagial

*Das Bathypelagial reicht von 1000m bis in etwa 4000m Tiefe. In dieser Zone ist es furchtbar kalt, der Druck des Wassers der darüber liegenden Zonen ist ungeheuer hoch und es ist stockdunkel.*

### Abyssopelagial

*Das bisher noch weitgehend unerforschte Abyssopelagial liegt zwischen 4000m und 6000m unter der Wassseroberfläche. Diese Zone ist der größte Lebensraum der Erde und nimmt 83 Prozent der Meere ein.*

*Riesenkalmar*

*Scheibenbauch*

### Hadopelagial

*Das Hadopelagial ist der Bereich der Tiefseegräben und befindet sich in 6000m bis 11 000m Tiefe. Nur speziell angepasste Tiere können hier in den tiefsten Bereichen der Erde leben.*

## Mesopelagial

*Von 200m bis in 1000m Tiefe reicht das Mesopelagial. Das Licht reicht gerade noch bis hierher. Hier und in den tieferen drei Zonen können keine Pflanzen oder Algen mehr wachsen.*

*Versteckt unter der Wasseroberfläche befinden sich Ketten von Tiefseebergen, die man auch als Seamounts bezeichnet. Sie können vom Meeresgrund 4000m hoch aufragen und sind damit so hoch wie viele Gebirge an Land.*

## WIE TIEF GEHT ES HINAB?

Ausgedehnte Gräben, hoch aufragende Tiefseeberge und weitere faszinierende Erscheinungen sorgen für Abwechslung auf dem Meeresgrund. Die durchschnittliche Meerestiefe wird auf knapp 3700 m geschätzt, doch der tiefste Punkt befindet sich etwa 11 000 m unter der Wasseroberfläche.

## IN WELCHER ZONE BEFINDEN WIR UNS?

*In diesem Buch findest du immer wieder dieses Diagramm. Es zeigt die Tiefenzone an, in der sich etwas befindet.*

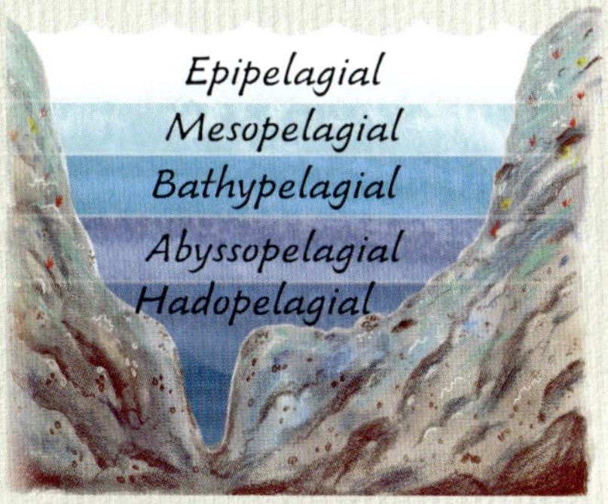

# GEZEITEN

Die Gezeiten, Ebbe und Flut, werden durch Wellenberge hervorgerufen, die sich unter dem Einfluss des Monds und der Sonne bilden. Zweimal am Tag hebt und senkt sich das Wasser in den Meeren der Welt. An manchen Küsten legt der sinkende Wasserspiegel bei Ebbe spannende Lebensräume frei, die bei Flut vom Wasser bedeckt sind.

*Manche Gezeiten heben und senken das Wasser um wenige Zentimeter. Andere rufen Unterschiede von vielen Metern hervor.*

# EBBE UND FLUT

Die Wellenberge der Gezeiten werden durch die Anziehungskräfte des Monds und der Sonne über die Erdoberfläche bewegt. Wenn sie die Küste erreichen, lassen sie den Wasserspiegel ansteigen (Flut) oder sinken (Ebbe).

## Der Mond und die Gezeiten

*Die Anziehungskraft des Monds zieht das Wasser auf der ihm zugewandten Seite zu sich hin – es bildet sich ein Wasserberg. Da die Anziehungskraft auf der mondabgewandten Seite schwächer ist, bewegt das Wasser dort sich langsamer in Richtung Mond, sodass ein zweiter Wasserberg entsteht.*

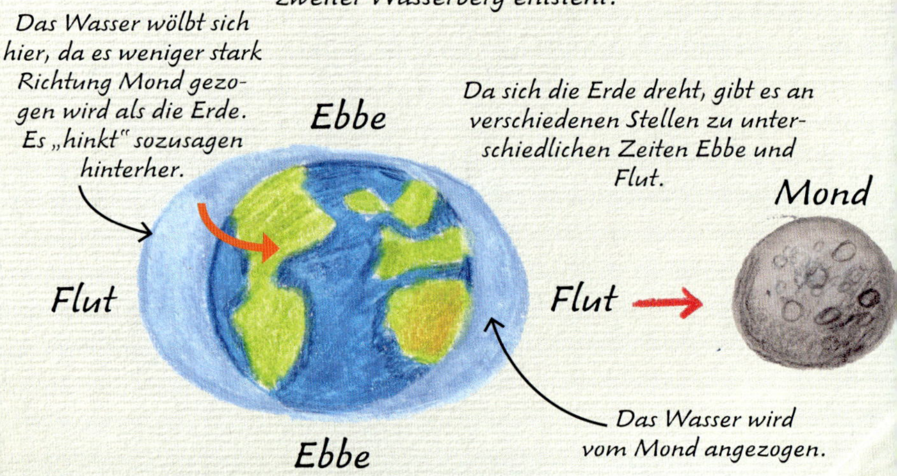

## Leben in Gezeitentümpeln

In den Spalten und Vertiefungen felsiger Küsten bleiben bei Ebbe Tümpel aus Meerwasser zurück. Hier tummeln sich robuste Tiere, die auch eine Zeit lang auf dem Trockenen überleben können, wie Napfschnecken, Seesterne, Seeanemonen, Seepocken und Seeigel.

Ein Erwachsener muss in der Nähe bleiben.

## Einiges zu entdecken

Das Erkunden von Gezeitentümpeln ist eine tolle Beschäftigung für junge Forschende. Bitte einen Erwachsenen, mit dir bei Ebbe an eine Felsküste zu gehen. Sicher findet ihr schnell verschiedene Tiere in einem Tümpel. Wenn ihr sie beobachtet, fasst sie nicht an. Tragt rutschfeste Schuhe, bewegt euch vorsichtig und behaltet das Meer im Auge. Denn auch bei Ebbe kann eine große Welle kommen.

Entenmuscheln sind Tiere. Sie produzieren einen zementähnlichen Stoff, der unglaublich stark klebt. Damit heften sie sich an Felsen, sodass sie auch von den stärksten Wellen nicht weggespült werden.

# WELLENBILDUNG

Egal ob kleine Wellen oder 30 m hohe Tsunamis – sie entstehen durch eine auf das Wasser einwirkende Energie, die den Meeresspiegel hebt und senkt. Wellen können durch Wind, Strömungen, Gezeiten, Erdbeben und andere Kräfte erzeugt werden, und wenn sie nicht durch Hindernisse blockiert werden, setzen sie sich über einen ganzen Ozean fort.

*Da das Meer in der Nähe der Küsten seichter wird, werden die Wellen gebremst. Dadurch werden sie größer und brechen – perfekt zum Surfen.*

# WELLENFORMEN

Es gibt viele verschiedene Wellenformen, die auf unseren Meeren auftreten, doch die wichtigsten sind vom Wind und von den Gezeiten erzeugte Wellen sowie Tsunamis. Die meisten Wellen werden wie die abgebildete vom Wind hervorgerufen.

## Gezeitenwellen

Die Drehung der Erde und die Anziehungskräfte von Mond und Sonne wirken sich so auf das Wasser aus, dass Ebbe und Flut entstehen. Die Gezeiten können im Bereich der Küste auch Wellen auslösen.

## Wellenkraftwerk

*Ein Kraftwerk mit Auftriebskörpern und in Zylindern beweglichen Kolben nutzt die Kraft der Wellen, um damit erneuerbare Energie zu erzeugen.*

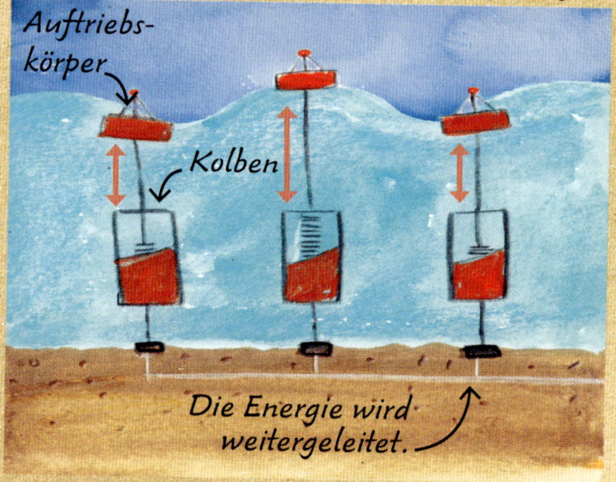


*1. Die Wellen heben und senken die Auftriebskörper, sodass die Kolben in den Zylindern bewegt werden.*

*2. Die Bewegungsenergie wird von einem Generator in elektrischen Strom umgewandelt.*

## Wie Wellen brechen

*Wellen entstehen durch die Energie des Winds oder durch Bewegungen im Wasser. Wenn sie das Land erreichen, brechen sie sich am Strand, da sie vom Untergrund gebremst werden.*

## Tsunamis

Tsunamis sind die größten und gefährlichsten Wellen im Meer. Sie bestehen aus einer Reihe von sich schnell bewegenden Wellen, die durch Ereignisse im Wasser (Seebeben, Erdrutsche oder Vulkanausbrüche) hervorgerufen worden sind.

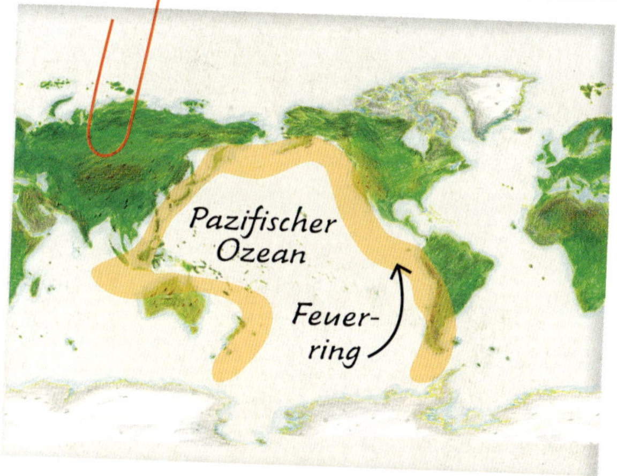


*Etwa 90 Prozent der Erdbeben und 80 Prozent der Tsunamis entstehen im Pazifischen Feuerring – einer Kette von Vulkanen, die den Pazifik von drei Seiten umrahmt. Zudem treffen hier verschiedene Platten der Erdkruste aufeinander.*

*Der Wind erzeugt Wellen, wenn er über die Meeresoberfläche weht. Diese Wellen können sehr gut zum Surfen geeignet sein.*

Ozean-wirbel gibt es auf der ganzen Welt.

# OZEANWIRBEL

In den Weltmeeren gibt es fünf große, sich drehende Strömungen, die man als Wirbel bezeichnet. Jeder umfasst Tausende von Kilometern. Sie sind so groß, dass sie Eisberge und Plankton in ihre Wassermassen aufnehmen. Sogar aus dem Weltall sind sie zu sehen. Winde und die Kräfte der Erddrehung treiben sie an. Die Ozeanwirbel beeinflussen die Temperatur und auch die Verteilung der Nährstoffe in den Ozeanen.

*Ozeanwirbel wirken wie gigantische Whirlpools – alles, was hineingerät, wird schließlich in ihr Zentrum gezogen.*

# OZEANWIRBEL DER WELT

Die fünf großen Ozeanwirbel befinden sich im Nordatlantik, Südatlantik, Nordpazifik, Südpazifik und im Indischen Ozean. Diese Wirbel transportieren nicht nur warmes Wasser und Nährstoffe durch die Weltmeere, sondern sammeln auch Plastikabfälle zu gigantischen, schwimmenden Müllfeldern an.

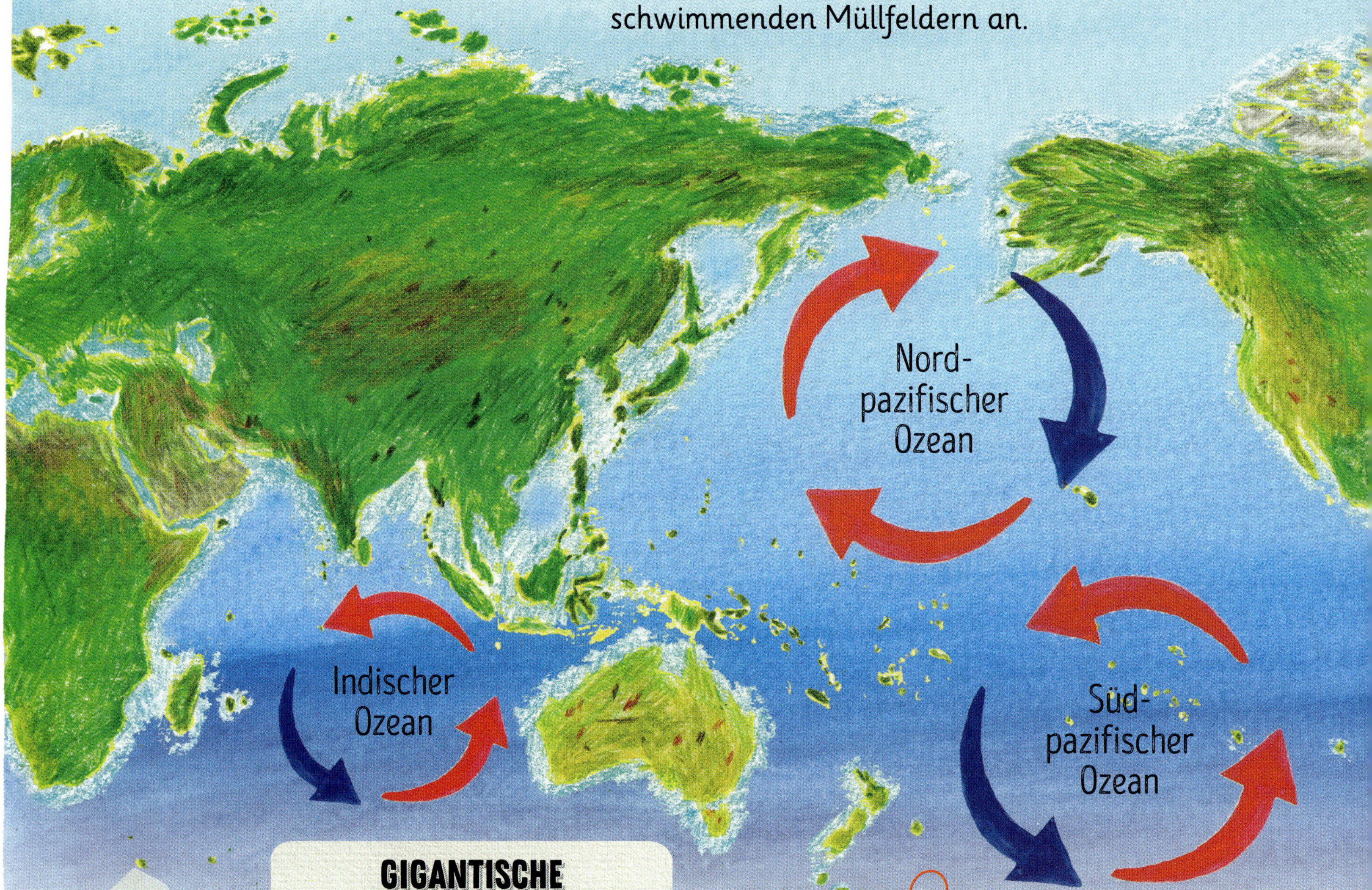


## GIGANTISCHE MÜLLSTRUDEL

### Müllansammlung

*Im Zentrum großer Ozeanwirbel befinden sich Abfälle, die von den Strömungen gesammelt worden sind. Der Pazifische Müllstrudel im Nordpazifik ist dreimal so groß wie Frankreich und der größte von ihnen. Er enthält rund 79 000 Tonnen Plastik.*

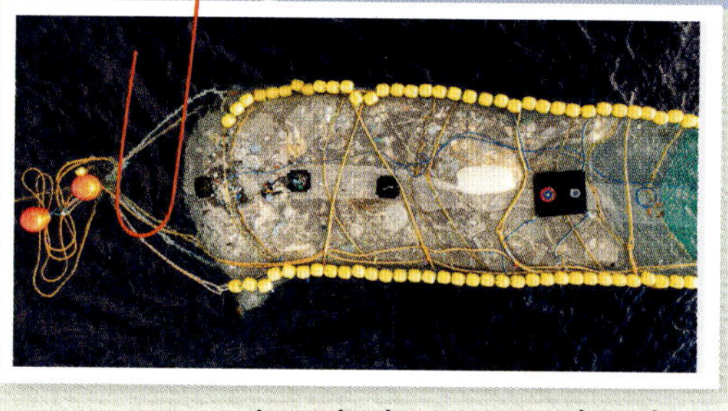

*Einige Menschen haben versucht, den Müll mit Schiffen, die große u-förmige Barrieren hinter sich herziehen, einzusammeln. Er wird dann in riesigen Säcken aus dem Meer gehoben.*

## Wie Wirbel entstehen

Ozeanwirbel entstehen, wenn das Wasser vom Wind und von der Drehung der Erde beeinflusst wird. Die durch die Erddrehung erzeugte Ablenkung wird Coriolis-Kraft genannt. Sie sorgt dafür, dass sich das vom Wind bewegte Wasser im Kreis dreht und Wirbel bildet.

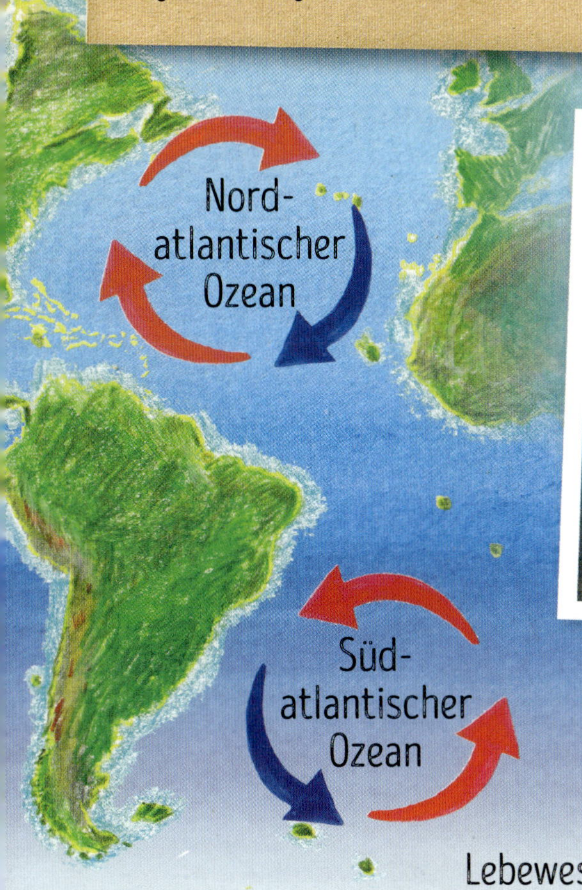

*Treibende Lebewesen wie diese Portugiesische Galeere sind durch die Bewegungen der Ozeanwirbel gefährdet, da sie zwischen dem angesammelten Plastikmüll stecken bleiben können.*

## Lebewesen des Müllstrudels

Die Ozeanwirbel treiben nicht nur Müll, sondern auch Lebewesen zusammen. Blaue Ozeanschnecken, Portugiesische Galeeren und andere Tiere der Blauen Flotte (siehe S. 110–113) finden sich in Mengen im Pazifischen Müllstrudel.

*Plastikmüll ist eine große Bedrohung für die Tiere der Meere. Millionen von ihnen sterben, weil sie Plastikmüll verschlucken oder sich in ihm verfangen.*

# PLANKTON

Vermutlich gibt es mehr Organismen des Planktons als Sterne am Himmel. Obwohl diese Organismen meist klein sind, spielen sie im Meer eine große Rolle: Sie bilden dort die Basis des Nahrungsnetzes. Es gibt zwei Hauptgruppen: Zooplankton (Tiere) und Phytoplankton (Algen). Beide kommen in allen Ozeanen in großen Mengen vor.

*Manchmal kann man das Plankton in der Nacht leuchten sehen. Das bezeichnet man als Biolumineszenz. Sie entsteht, wenn die Organismen mithilfe von Chemikalien in ihren Körpern ihr eigenes Licht erzeugen.*

# DAS NAHRUNGSNETZ

Das Plankton bildet die Grundlage des Nahrungsnetzes der Meere, das sich aus vielen miteinander verknüpften Nahrungsketten zusammensetzt. In diesem Netzwerk sind alle Tiere durch die Dinge, die sie fressen, miteinander verbunden.

## Es fängt mit der Sonne an

*Das Phytoplankton benötigt die Sonnenenergie, um zu wachsen. Durch die sogenannte Fotosynthese stellt es seine eigene Nahrung her. Wiederum selbst dient es der anderen Planktongruppe als Nahrung, dem Zooplankton.*

## Nahrungsnetz des Pazifischen Ozeans

*Zooplankton*

*Krill*

## Krill frisst Phytoplankton

*Als Krill bezeichnet man garnelenartige Krebstiere, die für das Leben im Meer unersetzlich sind. Sie gehören zum Zooplankton und sind die Hauptnahrungsquelle für Hunderte unterschiedlicher Meerestiere, von Fischen unterschiedlicher Größe bis zu Vögeln und sogar Walen.*

*Kleine Fische*

*Größere Fische*

*Schwertwal*

## Das Ende der Kette

*Schwertwale fressen alle möglichen anderen Tiere, vor allem Robben, sodass sie von allen Stufen der Nahrungskette profitieren. Sie selbst werden von keinem Tier gefressen. Sie stehen an der Spitze der Nahrungskette.*

Planktonblüte

## Planktonblüten

Viele Dinge beeinflussen das Wachstum des pflanzlichen Planktons, etwa die Wassertemperatur und die übrigen Lebewesen. Unter günstigen Umständen kann sich dieses Plankton explosionsartig vermehren (Planktonblüte). Manchmal bedeckt es riesige Flächen, sodass es wie auf diesem Bild sogar aus dem Weltall zu sehen ist.

## Ernährung größerer Tiere

*Größere Tiere wie Seehunde jagen Fische und gelegentlich auch Vögel, die den Krill gefressen haben.*

*Seehund*

*Diese unglaublichen Bilder kann man nur mit einem Mikroskop sehen, da viele Planktonorganismen zu klein sind, um sie mit dem bloßen Auge zu erkennen.*

*Es gibt Rot-, Braun- und Grünalgen.*

# ALGEN DER MEERE

Algen sind die Grundlage der Nahrungsnetze der Meere. Im Gegensatz zu Pflanzen fehlen ihnen Wurzeln, Stängel und Blätter, doch sie beherrschen bereits die Fotosynthese. Etwa 30 000 bis 1 000 000 verschiedene Algenarten leben in den Meeren. Manche sind winzig klein, doch andere können 30 m lang werden. Die größeren Algen werden auch als Tang bezeichnet. Die mikroskopisch kleinen Arten des Phytoplanktons stellen etwa die Hälfte des Sauerstoffs zur Verfügung, den wir atmen.

*Manche Algen kann man nur unter einem Mikroskop betrachten.*

# SEETANGE UND KELP

Wenn du Tange sehen willst, dann besuche am besten eine Felsküste bei Ebbe, wo diese Algen auf steinigem Untergrund wachsen. An Sandstränden sind sie nur schwer zu finden, doch vielleicht entdeckst du einige angespülte Tange, wenn du am Strand entlanggehst. Du kannst sie anfassen, doch pass auf, ob sich zwischen ihnen zum Beispiel Quallen befinden. Wasche danach auf jeden Fall gründlich deine Hände.

*Die Tange der Felsküsten liefern den Tieren der Küste Nahrung und Unterschlupf.*

## Riesenkelp

Der über 30 m hoch werdende Riesenkelp ist der größte Tang der Welt. Er wächst in kalten Küstengewässern und bildet dort dichte Kelpwälder, in denen Tausende von Tierarten leben. Der Riesenkelp kann pro Tag bis zu 60 cm wachsen, sodass er eins der am schnellsten wachsenden Lebewesen der Erde ist.

*Schlafende Seeotter wickeln sich in den Riesenkelp ein, damit sie nicht abgetrieben werden.*

## Tanganbau

Viele Nahrungsmittel, etwa Eiscreme und Fruchtsäfte, enthalten Verdickungsmittel oder Farbstoffe, die aus Tangen gewonnen wurden. Deshalb werden Tange im Meer angebaut. Das geschieht umweltfreundlicher als bei den meisten Pflanzen, da sie keine Dünger oder Pestizide benötigen. Außerdem entnehmen sie der Luft schädliches Kohlendioxid, indem sie es binden und dadurch wachsen.

## Wächter der Kelpwälder

Kelp fressende Seeigel können Kelpwälder in Wüsten verwandeln, wenn ihr Bestand nicht kontrolliert wird. Entlang der nordamerikanischen Westküste schützen Seeotter die Kelpwälder. Sie fressen die Seeigel, die dem Kelp schaden.

*Makroalgen oder Tange gibt es in den verschiedensten Größen, Formen und Farben.*

*Seeigel*

# BESTÄUBUNG IM MEER

Bei der Bestäubung wird eine staubartige Substanz, der Pollen, von Pflanze zu Pflanze übertragen, damit Samen gebildet werden können. Das findet an Land statt, kann aber auch im Wasser geschehen. Meerestiere können die Bestäubung der Pflanzen unterstützen.

*Seegräser sind die einzigen in den Meeren wachsenden Samenpflanzen. Ihre Blüten werden vom Zooplankton bestäubt.*

## Seegras

Seegräser werden oft mit Tangen verwechselt, doch sie sind Samenpflanzen wie Narzissen oder Tulpen. Sie haben Wurzeln, Stängel und Blätter sowie Blüten und Samen.

*Seegräser werden von Zooplankton bestäubt. Kleine Krebstierchen und Würmer bewegen sich auf der Nahrungssuche von Blüte zu Blüte und sammeln und verteilen dabei den Pollen.*

# SAMENPFLANZEN

Erst vor Kurzem hat man entdeckt, dass Tiere Pflanzen nicht nur an Land, sondern auch im Meer bestäuben. Vielleicht ist die Bestäubung von Pflanzen sogar im Meer entstanden.

*1. Kleine Krebstierchen werden von den Seegrasblüten angelockt.*

*2. Einige der Pollenkörner bleiben am Tier haften, wenn es von der Blüte frisst.*

*3. Das Krebstierchen schwimmt auf der Suche nach Nahrung weiter, bringt den Pollen zu einer anderen Blüte und bestäubt sie.*

*4. Die bestäubte Blüte bildet Samen, aus dem eine neue Seegras-Pflanze entsteht.*

## Von Alge zu Alge

Bisher dachte man, dass Tiere nur bei der Vermehrung von Landpflanzen eine Rolle spielen. Vor Kurzem wurde jedoch entdeckt, dass im Meer lebende Asseln Geschlechtszellen von Alge zu Alge übertragen können.

*Die Spermien (Geschlechtszellen) der Algen bleiben an den Asseln kleben. Die Asseln verbreiten sie, wenn sie an den Algen nach Nahrung und Unterschlupf suchen.*

## Bestäubung an Land

An Land benötigen etwa drei Viertel der Samenpflanzen Tiere wie Vögel, Insekten oder Fledermäuse zur Bestäubung. Ohne diese Tiere könnten sich die Pflanzen, die oft für uns als Nahrungsmittel wichtig sind, nicht vermehren.

*1. Blüten sind oft sehr bunt, um Bestäuber anzulocken und zu zeigen, dass sie leckeren Nektar und Pollen enthalten.*

*2. Landet ein Bestäuber auf einer Blüte, um Nektar zu saugen, bleiben ihre Pollen an seinem Körper kleben.*

*3. Fliegt der Bestäuber weiter von Pflanze zu Pflanze, überträgt er den an ihm haftenden Pollen.*

*4. Wenn der Pollen auf einer Blüte der gleichen Art landet, wird diese Blüte bestäubt. So kann die Pflanze Samen bilden, aus dem neue Pflanzen keimen.*

*Manche Glasschwämme sind 10 000 Jahre alt und gehören zu den ältesten Lebewesen der Erde.*

# URALTE WESEN

In den Meeren leben einige der ältesten Tiere der Welt. Es gibt Wale, die schon zur Zeit der beiden Weltkriege gelebt haben, und Muscheln, die geschlüpft sind, bevor das erste Auto erfunden wurde. Forschende nehmen an, dass Grönlandhaie über 400 Jahre alt werden können, obwohl nur wenig über diese urtümlichen Tiere bekannt ist.

*Grönlandwale sind mit einem Alter von bis zu 200 Jahren die am längsten lebenden Säugetiere. Man nimmt an, dass ihre Gene Krankheiten besonders gut bekämpfen.*

# UNSTERBLICH

In den Meeren lebt eine Quallenart, die nicht größer als der Nagel deines kleinen Fingers ist. Forschende halten sie für unsterblich. Die Art verwandelt sich zurück in ein jüngeres Stadium ihrer selbst, wenn sie hungert oder verletzt wird. Sollten die Quallen nicht gefressen werden, können sie daher ewig leben!

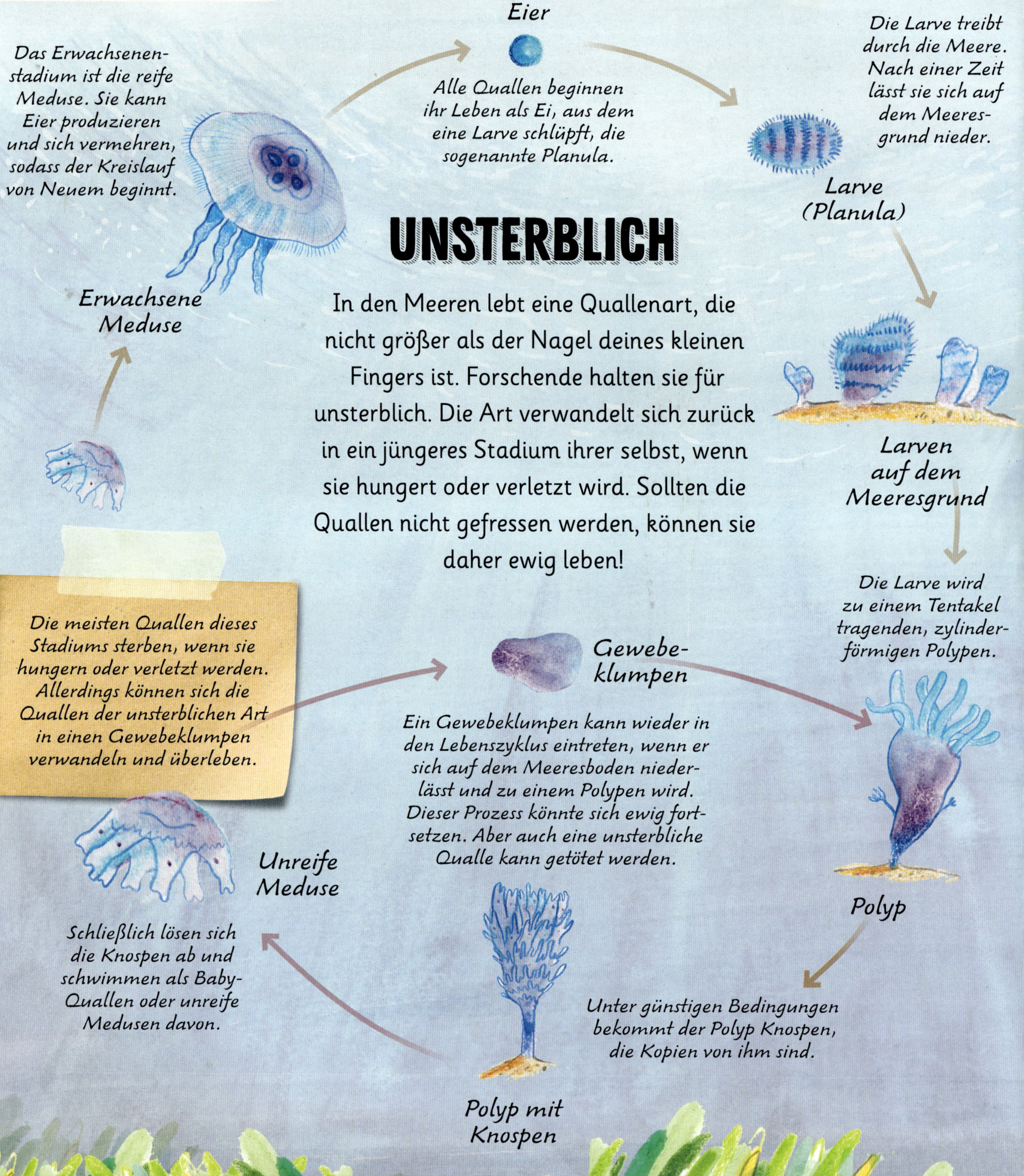

## Seegras-Kolonie

Im Jahr 2012 entdeckten Forschende im Mittelmeer eine riesige Seegras-Kolonie. Sie hat sich durch Klonen vermehrt, sodass man alle Pflanzen als einen einzigen Organismus betrachten kann. Die Kolonie ist so groß wie ein Flughafen, sodass sie vermutlich schon seit 80 000 bis 200 000 Jahren existiert.

*Wenn man das Seegras der riesigen Kolonie zusammentrüge, wöge es mehr als 55 Blauwale.*

## Venusmuscheln

Im Jahr 2006 brach eine Nördliche Venusmuschel mit dem Namen Ming den Weltrekord für das älteste noch lebende Tier. Forschende zählten die Ringe auf der Schale und kamen auf 507 Jahre, sodass die Muschel älter als jedes andere Einzeltier auf der Welt ist.

*Die Zahl der Ringe auf dem Knöchelchen im Innenohr entspricht dem Alter in Jahren.*

### Wie messen wir das Alter von Meerestieren?

Wale, Meeresschildkröten, Fische und viele andere Meerestiere haben Wachstumsringe auf den Zähnen, Schalen und Knochen, an denen Forschende ihr Alter ablesen können (wie sie es auch mit Bäumen machen). Gibt es keine Jahresringe, können auch andere Methoden, etwa die Radiokarbon-Methode, zur Altersmessung eingesetzt werden.

*Die Schale dieses Perlboots entspricht der Schale ähnlicher Arten aus der Vergangenheit.*

# LEBENDE FOSSILIEN

Massenaussterben haben in der Geschichte unseres Planeten das Leben auf der Erde mehrmals deutlich verändert. Alles, was von den ausgestorbenen Tieren übrig ist, sind ihre Fossilien (versteinerte Überreste). Doch es gibt Arten, die ihren ausgestorbenen Ahnen noch immer sehr ähneln, obwohl Millionen von Jahren vergangen sind. Diese nahezu unveränderten Arten werden als „lebende Fossilien" bezeichnet.

*Die Vorfahren der Perlboote erschienen vor rund 500 Millionen Jahren und überlebten fünf große Massenaussterben. Diese Arten sind verschwunden, doch die heutigen ähneln ihnen sehr.*

# QUASTENFLOSSER

Quastenflosser sind Tiefseefische, die vor den Küsten Ostafrikas und Indonesiens leben. Man hatte angenommen, dass sie wie die Dinosaurier vor 66 Millionen Jahren ausgestorben sind ... bis im Jahr 1938 einer auf einem Fischmarkt auftauchte.

*Quastenflosser werden bis zu 2 m lang.*

## KÖRPERBAU DER QUASTENFLOSSER

### Gegliederte Flossen

*Die Flossen der Quastenflosser ähneln im Aufbau unseren menschlichen Gliedmaßen. Man vermutet, dass sie mit den ersten an Land gegangenen Fischen verwandt sind, von denen alle Vierfüßer abstammen.*

*Quastenflosser-Flossen setzen nicht wie die anderer Fische direkt am Körper an.*

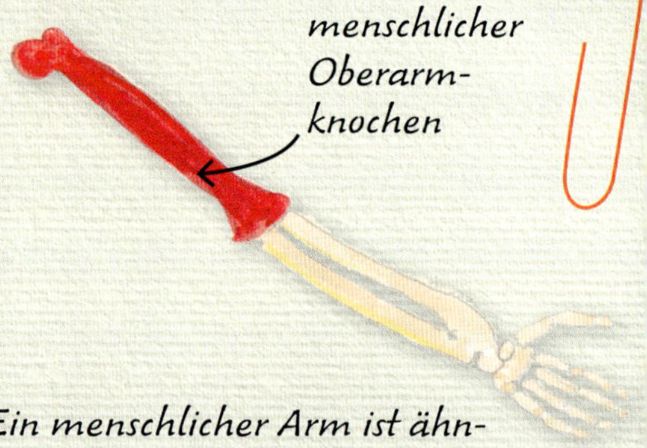


*Ein menschlicher Arm ist ähnlich gebaut. Am Oberarmknochen befinden sich Unterarm und Hand.*

# PFEILSCHWANZKREBSE

Pfeilschwanzkrebse lebten schon vor 445 Millionen Jahren. Sie sind älter als die Dinosaurier! Seitdem haben sie sich kaum verändert und leben auch heute noch im östlichen Nordamerika und südlichen Asien.

*Ein Pfeilschwanzkrebs hat ein Außenskelett und zehn Beine, mit denen er über den Meeresgrund läuft.*

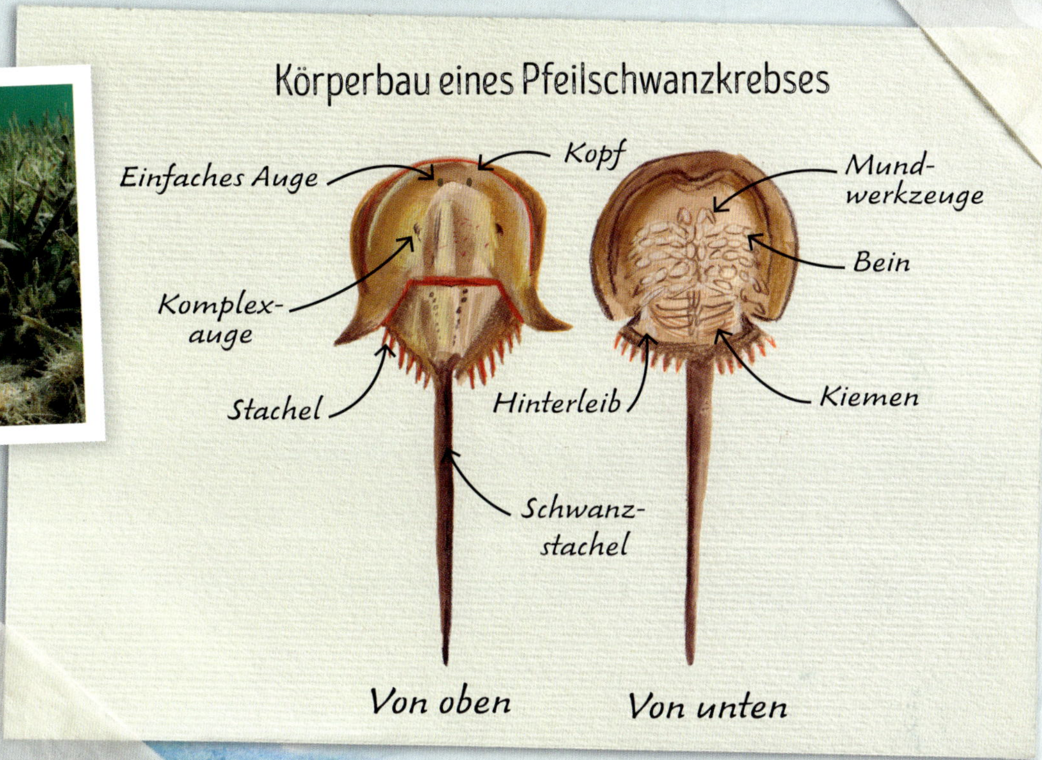

## Blaues Blut

Pfeilschwanzkrebse haben klares Blut, das blau wird, wenn es mit Luft in Berührung kommt. Es enthält spezielle Zellen, die an Bakterien andocken. Das macht die Tiere wertvoll für die medizinische Forschung.

# GIGANTEN

Der majestätische Blauwal kann 30 m lang und bis zu 180 Tonnen schwer werden. Er ist das größte Tier, das jemals gelebt hat. Sein Herz ist so groß wie ein kleines Auto und seine Zunge kann so viel wie ein Nashorn wiegen. Dieses riesige Säugetier übertrifft alle anderen Tiere im Wasser und an Land – auch die, die vor Millionen von Jahren gelebt haben. Allerdings ist der Blauwal nicht das einzige riesige Tier in den Meeren.

*Der durchschnittliche Blauwal wiegt dreimal so viel wie ein Raumschiff. Sogar ein neugeborener Blauwal ist etwa 7 m lang.*

# DIE GRÖSSTEN MEERESTIERE

In den tiefsten und kältesten Bereichen der Meere können die Tiere viel größer werden als ihre Verwandten in den seichten Gewässern. Dieses als Gigantismus bezeichnete Phänomen könnte der Schlüssel zum Überleben der großartigen Ozeanriesen sein.

## Der größte Fisch im Meer

Der Walhai ist der größte Fisch, den es jemals gegeben hat. Dieser sanfte Riese kann 18 m lang werden – etwa so lang wie ein Gelenkbus.

## Längster Knochenfisch

Riemenfische sind nach den Haien die längsten Fische. Die bandartigen Fische erreichen etwa 3 m Länge, doch manche Einzeltiere sollen 11 m lang geworden sein.

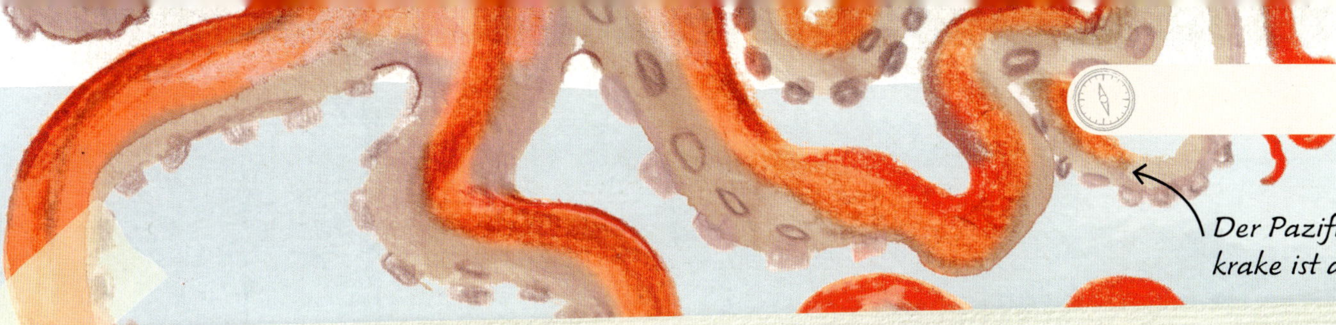

Der Pazifische Riesenkrake ist der größte Krake.

## Schwerster Knochenfisch

Der Mondfisch ist der schwerste Knochenfisch der Welt. Vor der Küste Portugals wurde vor Kurzem ein Tier gefunden, das 2700 kg wiegt – das ist viermal so schwer wie eine Kuh.

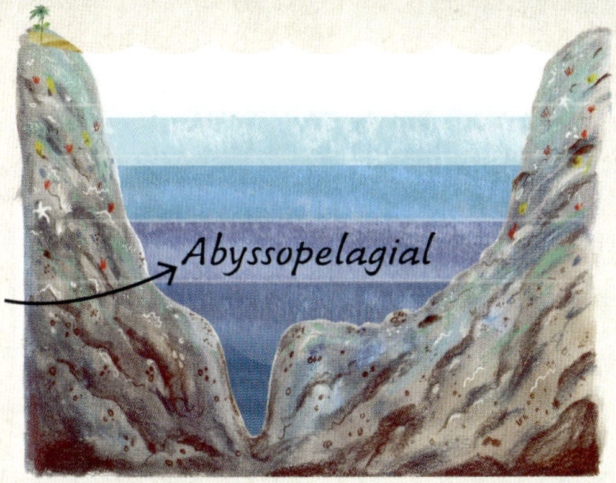


*Kragenhaie leben in den Tiefen.*

# SELTSAME HAIE

Diese faszinierende Knorpelfischgruppe besteht aus über 400 Arten und ist schon vor über 450 Millionen Jahren entstanden. Obwohl die uns bekannten Haie oft Furcht einflößend wirken, sind viele Haiarten einfach nur ein wenig seltsam. Manche leuchten in der Dunkelheit und andere sind klein genug, um in einen Schuhkarton zu passen. Beim Kragenhai sind die Zähne wie die einer Schlange nach innen gekrümmt – perfekt, um schlüpfrige Beute zu fangen.

*Kragenhaie besitzen über 25 Reihen dreieckiger Zähne. Wenn ein Zahn ausfällt, wird er schnell von dem dahinter liegenden ersetzt.*

# EIN SCHLECHTER RUF

Haie sind gefürchtet, doch die meisten Arten greifen nur an, wenn sie gereizt werden. Angriffe auf Menschen sind selten. Es ist wahrscheinlicher, von einem Blitz getroffen zu werden, als von einem Hai angegriffen zu werden.

### Leopardenhaie

Als Jungfische sind die gefleckten Leopardenhaie gestreift wie ein Zebra. Die nur langsam schwimmenden Fische bewohnen die warmen, seichten Gewässer der küstennahen Korallenriffe. Hier jagen sie kleine Fische, Krebstiere und Weichtiere.

*Barteln an der Schnauze helfen dem Leopardenhai, seine Beute zu finden.*

*Der Riesenmaulhai schwimmt ständig mit geöffnetem Maul, um Plankton aufzunehmen.*

## ANDERE SELTSAME HAIE

### Großer Hammerhai

*Dieser Hai ist ein hervorragender Jäger, der vor allem Rochen und sogar andere Haie frisst. Er nimmt die elektrischen Felder von im Sand vergrabenen Fischen wahr.*

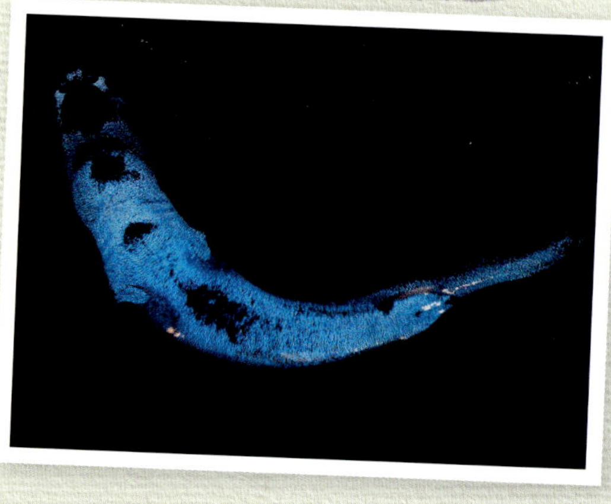

## Riesenmaulhai

Der passend benannte Riesenmaulhai hat ein so großes Maul, dass er einen Menschen verschlucken könnte. Glücklicherweise frisst dieser Tiefseebewohner nur winziges Plankton. Mit bis zu 5 m Länge ist er der drittgrößte Hai der Welt.

*Der kräftige Biss dieses kleinen Hais hinterlässt bei seinem Opfer eine typische runde Wunde.*

## Zigarrenhai

Dieser seltsame kleine Fisch ist der einzige Hai, der weder Aas- oder Planktonfresser noch ein Jäger ist. Er wird nur selten länger als 50 cm und ist ein Parasit. Er heftet sich an größere Fische wie den Roten Thun oder sogar den Weißen Hai, um ihr Fleisch zu fressen, ohne sie dabei zu töten.

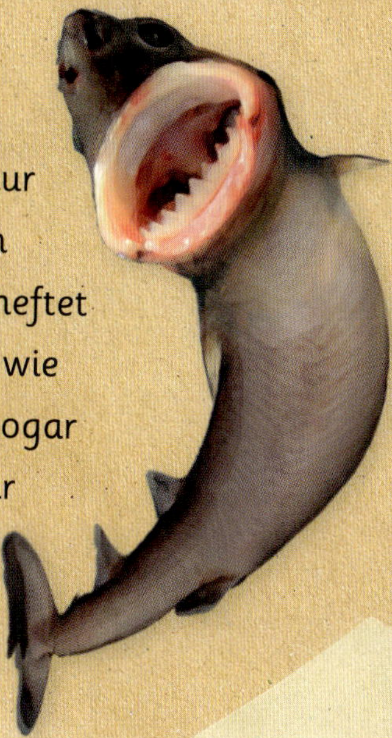

## Schokoladenhai

*Mit bis zu 1,5 m Länge ist der Schokoladenhai das größte Wirbeltier, das die Biolumineszenz (die Produktion von Licht, um Beute oder Partner anzulocken) beherrscht.*

## Koboldhai

*Dieser Hai hat eine besondere Eigenschaft, die ihm hilft, seine Beute zu erwischen: Kiefer, die er bis zu 8 cm weit aus dem Maul herausschieben kann.*

*Einige Nacktschnecken verbringen ihr Leben auf dem Meeresboden, andere schwimmen auch im freien Wasser.*

# NACKTSCHNECKEN

Zur Gruppe der Nacktschnecken gehören die unterschiedlichsten Geschöpfe. Es gibt über 2000 bekannte Arten und fast täglich werden neue beschrieben. Nacktschnecken können in allen Meeren gefunden werden, doch am häufigsten kommen sie in seichten, tropischen Gewässern vor. Einige dieser kleinen Weichtiere können sogar Fotosynthese betreiben und so eine zusätzliche Energiequelle nutzen.

*Die Neonsternschnecke lagert Gifte aus ihrer Nahrung ein und gibt sie als giftigen Schleim ab, wenn sie sich bedroht fühlt.*

# DU BIST, WAS DU ISST

Die unglaublichen Farben und Formen der Nacktschnecken wirken, als seien sie einem Zeichentrickfilm entsprungen. Die Farben tarnen die Schnecken und stammen aus ihrer Nahrung. Nacktschnecken ernähren sich teils von Algen, aber auch von anderen Tieren.

## Sinnesorgane

Nacktschnecken haben zwei lange Fühler an ihrem Kopfende. Mit ihnen nehmen sie chemische Stoffe im Wasser wahr – ähnlich wie der Geruchssinn bei uns Menschen. So können die Schnecken Nahrung und Fressfeinde erkennen.

*Nacktschnecken können Farbstoffe aus ihrer Nahrung aufnehmen und in ihr Gewebe einlagern.*

## Pflanze oder Nacktschnecke?

Schlundsackschnecken sind anders als andere Schnecken. Sie können Sonnenenergie nutzen. Dazu setzen sie wie eine Pflanze oder Alge Chloroplasten (Bestandteile der Zellen) ein, die sie aus gefressenen Algen aufnehmen. Sie können also Fotosynthese betreiben. Eine Unterart dieser Schneckenfamilie hat sogar Chloroplasten-Gene in ihr Erbgut übernommen.

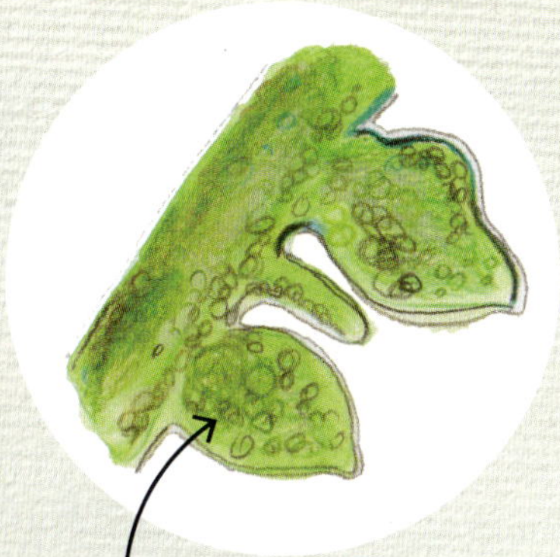

*Chloroplasten in Algen*

*Untersuchungen haben gezeigt, dass diese Schnecke über neun Monate ohne Nahrung auskommen und nur durch die Fotosynthese überleben kann.*

*Schwarzrand-Prachtsternschnecke*

*Warzenschnecke*

*Veränderliche Kopfschildschnecke*

## VERMEHRUNG DER NACKTSCHNECKEN

### Laich in Bändern

*Jede Nacktschnecke besitzt männliche und weibliche Geschlechtsorgane, braucht aber trotzdem eine andere Schnecke zur Paarung. Die Eier werden in Bändern abgelegt, die an Blüten erinnern. Manche Arten geben Gifte in den Schleim der Bänder ab, damit der Laich nicht gefressen wird.*

# DIE GIFTIGSTEN MEERESTIERE

In den Meeren leben einige der giftigsten Tiere der Welt. Während manche, wie der Rotfeuerfisch, mit leuchtenden Farben und gut sichtbaren Stacheln anzeigen, dass sie gefährlich sind, tarnen sich andere, um ihre Beute als Lauerjäger zu überraschen.

*Rotfeuerfische besitzen 18 spitze Flossenstrahlen, die mit dünnem Gewebe bedeckt sind. Das im Gewebe enthaltene Gift verursacht bei Menschen starke Schmerzen.*

# TÖDLICHE GIFTE

Gift durch Bisse oder Stacheln zu übertragen, hilft vielen Meerestieren dabei zu überleben. Gift kann die Beute von der Flucht abhalten oder gefährliche Räuber vertreiben.

## Seewespe

Die zu den Würfelquallen zählende Seewespe besitzt eins der tödlichsten Gifte im Meer. Es kann die Muskeln lähmen, den Herzschlag stoppen und zum Tod führen, wenn man zu den Unglücklichen zählt, die in den warmen australischen Küstengewässern mit den Tentakeln der Qualle in Berührung kommen.

## WIE NESSELZELLEN FUNKTIONIEREN

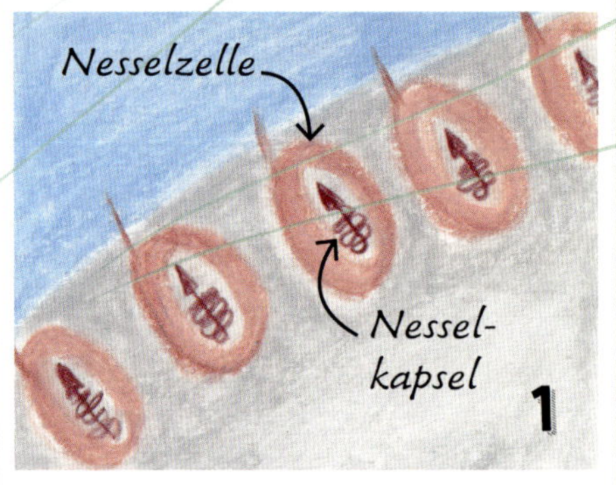


*1. Die Tentakel der Quallen enthalten Tausende von Nesselzellen. In ihnen befindet sich eine Nesselkapsel mit einem aufgewickelten, ausstülpbaren Nesselschlauch, der Gift enthält.*

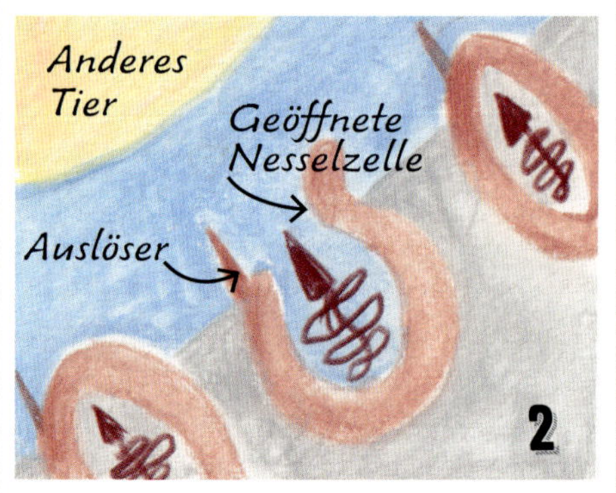

*Ist er gereizt, färbt sich der kleine Krake leuchtend gelb mit blauen Ringen.*

## Blaugeringelter Krake

Trotz seiner geringen Größe von 12–20 cm besitzt der Blaugeringelte Krake genug Gift, um 26 erwachsene Menschen zu töten. Man findet ihn in Gezeitentümpeln und an Korallenriffen im Pazifischen und im Indischen Ozean.

*Die Schnecke feuert einen harpunenähnlichen Zahn ab.*

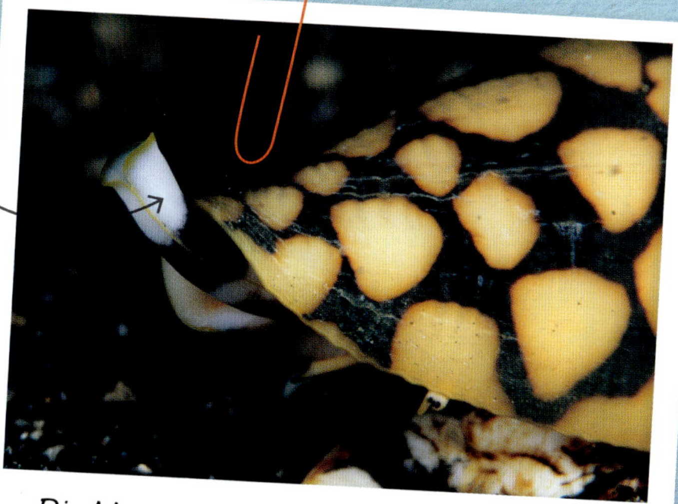

*Die Marmor-Kegelschnecke kann eine spitze Harpune aus ihrer röhrenförmigen Schnauze abfeuern und so Beute oder Angreifern ein tödliches Giftgemisch einspritzen.*

## Steinfisch

Der giftigste Fisch der Welt liegt gut getarnt in den Korallenriffen des Pazifischen und des Indischen Ozeans. Die Rückenflossenstrahlen sind giftig und können auch für Menschen tödlich sein. Schwimmende nehmen den gut getarnten Fisch oft nicht wahr und treten versehentlich auf ihn.

*2. Wenn ein Tentakel mit einem anderen Tier in Kontakt kommt, werden die Auslöser der Nesselzellen gereizt, sodass sich die Nesselzelle öffnet und der Nesselschlauch herausschießen kann.*

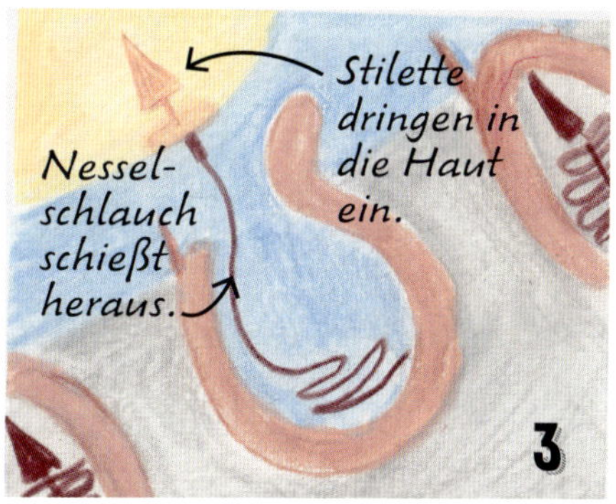


*3. Der Nesselschlauch wird ausgestülpt und seine Spitze durchdringt die Haut des anderen Tiers. Ist er dort verankert, wird über ihn das Nesselgift abgegeben. Der gesamte Vorgang dauert nur ungefähr ein Millionstel einer Sekunde.*

# SEEANEMONEN-KLONKRIEGE

An den nordamerikanischen Felsküsten des Pazifiks tobt schon seit einer halben Milliarde Jahren ein unbarmherziger Krieg. Auslöser sind „Klon-Anemonen", eine Seeanemonenart mit einem großen Machthunger. Indem sie sich selbst klonen, stellen die Tiere Armeen auf und bekämpfen jede andere Seeanemone, die sich in ihr Territorium wagt.

Seeanemonen leben auf Felsen oder Korallenriffen.

# ALLES ÜBER SEEANEMONEN

Seeanemonen sind mit den Quallen und den Korallen verwandt. Sie leben auf Riffen und in der Gezeitenzone. Mit ihren klebrigen Tentakeln erbeuten sie kleine Organismen. Ist die Beute gefangen, wird sie in den Mund transportiert, der gleichzeitig auch als After dient.

*Anemonenfische sind mit einer Schleimschicht bedeckt, die sie vor den Nesselzellen schützt.*

## Heimat in der Seeanemone

In den Tropen gehen Seeanemonen und Anemonenfische eine enge Freundschaft ein, die beiden nützt. Die Seeanemone bietet den Fischen einen geschützten Ort. Im Gegenzug nutzt sie die Nährstoffe im Kot der Anemonenfische.

## AUS EINER SEEANEMONE WERDEN ZWEI

*1. Um sich teilen zu können, muss die Seeanemone erst einmal wachsen.*

*2. Unmittelbar vor der Teilung hat sich die Basis der Seeanemone nahezu verdoppelt.*

*3. Die Teilung beginnt an der Basis und schreitet dann nach oben fort. Sie endet bei dem Schließmuskel, der den Mund an der Spitze der Seeanemone umgibt.*

*Bei der Teilung entstehen zwei Klone.*

*4. Nun verschließen die beiden neuen Seeanemonen ihre Wunden. Sie können das Gewebe reparieren oder neu bilden, das bei der Teilung beschädigt worden ist.*

### Angriff der Klone

Klon-Anemonen leben problemlos an der Seite ihrer eigenen Klone, teilen aber den Platz nicht mit anderen Seeanemonen. Trifft eine Klon-Anemone auf eine andere, greift sie mit weißen Fäden an, die sich unter den Tentakeln befinden. Diese Fäden bezeichnet man als Acrorhagi.

*Die zum Kampf eingesetzten Acrorhagi tragen viele Nesselzellen.*

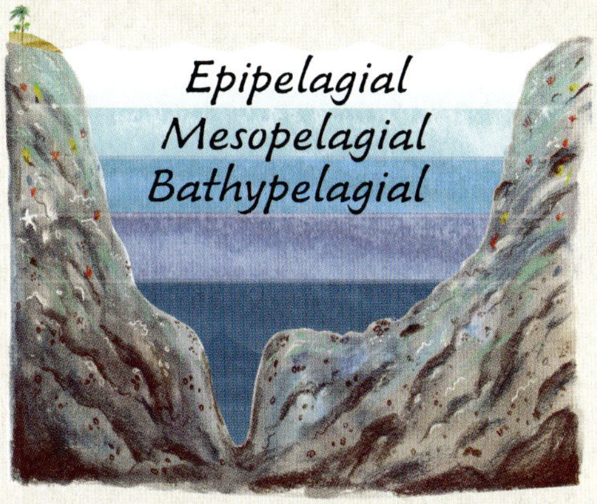


# KUGELFISCHE

Aus gutem Grund haben Kugelfische nur wenige Feinde. Bei Bedrohung können sich diese berühmten Fische bis zur dreifachen Größe aufblähen (normalerweise sind sie 2,5 cm bis 1 m lang). Sie sind außerdem unglaublich giftig und manche Arten tragen zudem viele Stacheln. Autsch!

*Die hier im warmen Wasser des Roten Meers schwimmenden Maskenkugelfische erinnern an Waschbären. Sie sind eine der über 190 Kugelfischarten.*

# BUNTE SCHWIMMER

Die meisten Kugelfische leben in warmen Meeren, doch einige Arten bevorzugen Brack- oder sogar Süßwasser. Sie zeigen verschiedenste Farben und Muster. Die auffälligen Zeichnungen warnen Raubfische, dass es keine gute Idee ist, sie zu fressen.

## Wie sich Kugelfische aufblasen

### Wasser schlucken

*Wenn ein Kugelfisch sich von einem Räuber bedroht fühlt, saugt er mit seinem Maul Wasser ein und pumpt es in seinen sehr dehnbaren Magen.*

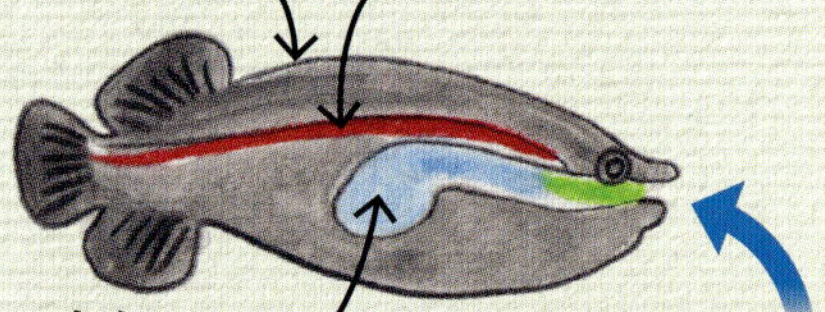


### Anschwellen

*Da Kugelfische keine Rippen haben, kann der Magen extrem anschwellen. So wird der Fisch für die meisten Fressfeinde zu groß zum Verschlucken. Durch den aufgeblähten Magen treten auch die Stacheln hervor.*

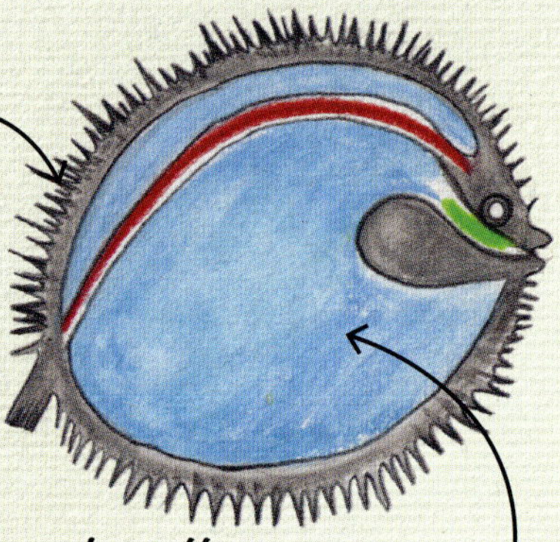

## Tödliches Gift

Die meisten Kugelfische besitzen ein gefährliches Gift, das Tetrodotoxin. Es ist stark genug, um einen Menschen zu töten, und es gibt kein Gegengift. Das Gift ist vor allem in der Leber und in den Geschlechtsorganen enthalten.

## Kugelfisch-Nester

Um eine Partnerin zu beeindrucken, bauen männliche Weißflecken-Kugelfische riesige, symmetrische Nester im Sand. Die kugeligen Fische sind Meister der geometrischen Perfektion. Weibliche Kugelfische beurteilen anhand eines Nests vermutlich, wie groß und gesund das betreffende Männchen ist.

*Männliche Kugelfische bauen ihr Nest im Sand auf dem Meeresgrund. Sie rutschen hin und her, um mit dem Bauch Muster zu erzeugen.*

# UNGLAUBLICH SCHNELL

Geschwindigkeit kann bei der Verfolgung von Beute oder der Flucht vor Feinden entscheidend sein – sowohl an Land wie auch im Wasser. Die Meere sind voll von Tieren, die so schnell durch das Wasser schießen, wie ein Gepard an Land sprintet.

*Die stromlinienförmigen Fliegenden Fische beschleunigen unter Wasser und schießen dann an die Oberfläche. Mit den flügelartigen Flossen erheben sie sich in die Luft.*

## Torpedos des Meeres

Thunfische können 70 km/h erreichen und diese Geschwindigkeit so lange halten wie kein anderer Fisch. Dazu verringert der Thunfisch den Wasserwiderstand, indem er die Flossen (bis auf die Schwanzflosse) in Vertiefungen seiner Haut legt und wie ein Torpedo durchs Wasser schießt.

## Die Form ist entscheidend!

Ein Thunfisch ist perfekt daran angepasst, sich schnell durch das Wasser zu bewegen. Der Körper wird nur von der hin- und herschlagenden steifen Schwanzflosse angetrieben. Ein Rotfeuerfisch mit seinen großen Flossen ist dagegen ein langsamer Schwimmer.

Thunfisch

*Der Thunfisch hat einen glatten Körper und schmale Flossen, die perfekt durch das Wasser gleiten.*

Rotfeuerfisch

*Der Rotfeuerfisch hat mit seinen großen Flossen einen hohen Wasserwiderstand.*

# SCHNITTIG GEBAUT

Oft kannst du an der Körperform erkennen, wie schnell ein Tier ist. Die schnellsten Schwimmer haben große Schwanzflossen und glatte Körper. Mit einer Höchstgeschwindigkeit von bis zu 110 km/h gilt der Fächerfisch als schnellster Fisch. Seine segelartige Rückenflosse legt er im Wasser an, damit er stromlinienförmig ist.

## Der schnellste Hai

Mit einer Höchstgeschwindigkeit von 50 km/h ist der Kurzflossen-Mako der schnellste Hai. Doch ist er nicht nur schnell – er kann auch gut springen. Auf der Jagd springt er oft mehrere Meter aus dem Wasser heraus.

*Der Fächerfisch stellt seine Rückenflosse bei der Jagd auf.*

*Fächerfische schwimmen fast so schnell, wie ein Gepard läuft.*

## Schnellster Kalmar

Der große, furchterregende Humboldt-Kalmar ist der schnellste Kalmar des Meeres. Gruppen von über 1000 Tieren sind beobachtet worden, wie sie mit einer Geschwindigkeit von 24 km/h schwammen.

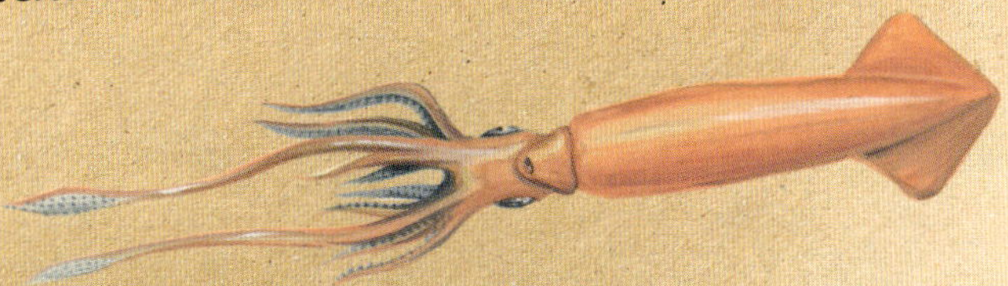

## Schnellstes Säugetier der Meere

Mit einer Spitzengeschwindigkeit von 60 km/h ist der Gemeine Delfin so schnell wie ein Rennpferd. Er ist das schnellste Meeressäugetier der Welt.

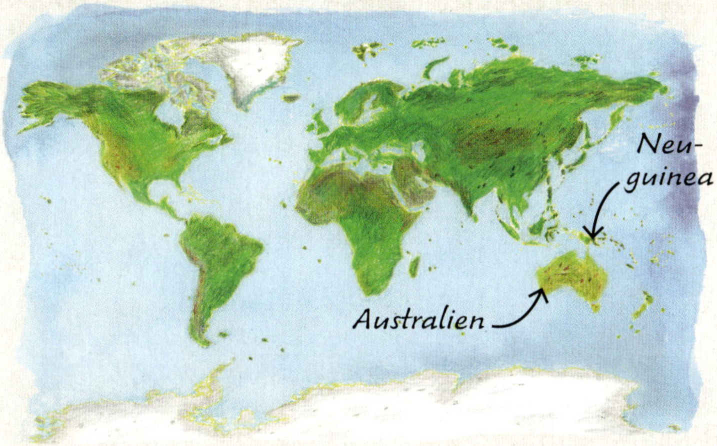


# SEESCHLANGEN

Diese Verwandten der Landschlangen leben im Indischen und im Pazifischen Ozean, die meisten in der Umgebung Australiens und Neuguineas. Es gibt rund 70 Arten. Die Echten Seeschlangen verbringen ihr ganzes Leben im Meer, doch die Plattschwanz-Seeschlangen suchen auch oft das Land auf. Seeschlangen sind sehr giftig, aber zum Glück nicht sehr aggressiv. Sie beißen Menschen nur, wenn sie geärgert werden.

*Echte Seeschlangen haben kurze Giftzähne und bis zu 18 kleinere Zähne. Nach einem Biss bleiben gelegentlich kleinere Zähne in der Wunde stecken.*

# VOM LAND INS MEER

Man nimmt an, dass sich die Seeschlangen vor etwa 15 Millionen Jahren von ihren an Land lebenden Vorfahren getrennt haben. Sie haben sich an das Leben im Meer angepasst und einen flachen Schwanz entwickelt, der ihnen das Schwimmen ermöglicht. Außerdem können sie überschüssiges Salz ausscheiden.

*Die Nasenlöcher können unter Wasser verschlossen werden.*

*Manche Seeschlangen können ein Drittel ihres Sauerstoffbedarfs über die Haut aufnehmen.*

*Plattschwänze halten sich auch gern an Land auf.*

## Überleben im Meer

Wie die an Land lebenden Schlangen atmen auch die Seeschlangen Luft. Die meisten müssen nur alle 30 Minuten zum Luftholen auftauchen. Manche können auch acht Stunden lang unter Wasser bleiben, da sie zusätzlichen Sauerstoff über die Haut aufnehmen.

*Um nicht zu viel Salz aufzunehmen, trinken Seeschlangen von der dünnen Süßwasserschicht, die sich nach dem Regen an der Wasseroberfläche befindet.*

## Seeschlangeneier

Echte Seeschlangen sind die einzigen heutigen Meeresreptilien, die lebende Junge gebären. Fast alle Echten Seeschlangen sind ovovivipar – das bedeutet, dass die Jungen bereits im Körper der Mutter aus den Eiern schlüpfen.

*Paddelartig flacher Schwanz*

*Das Ende des Seeschlangenschwanzes ist flach und dient als Antrieb beim Schwimmen.*

## Tieftaucher

Seeschlangen können auf der Nahrungssuche bis zu 250 m tief tauchen.

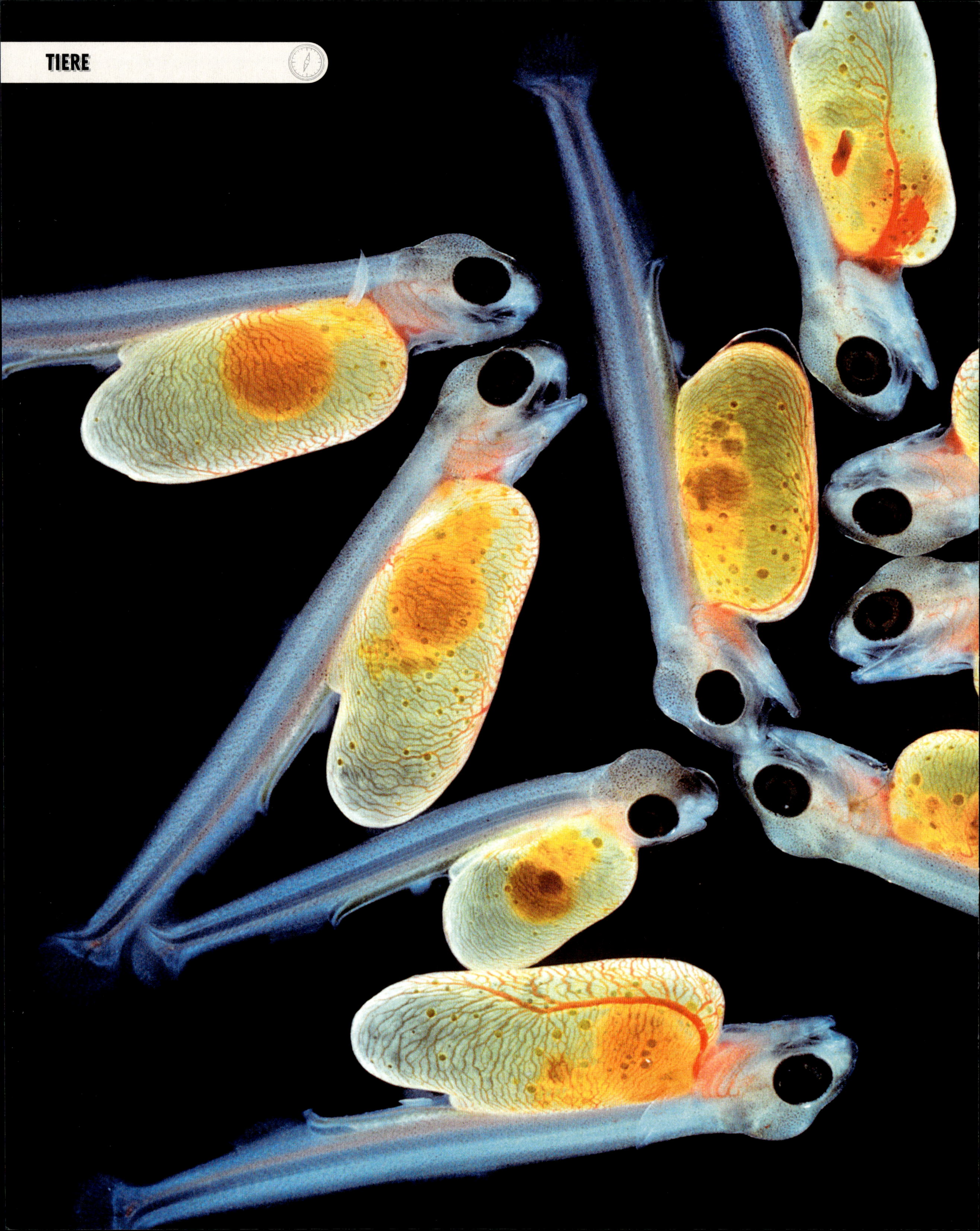

# FISCHBABYS

Fischlarven können in den Oberflächengewässern aller Meere gefunden werden. Die meisten sind nicht größer als ein Fingernagel, häufig sind sie sogar kleiner. Ihre oft seltsam geformten Körper ähneln denen der erwachsenen Fische noch gar nicht. Fischlarven können weder gegen die Strömung schwimmen noch vor Fressfeinden flüchten. Deshalb müssen sie sich tarnen oder andere Arten nachahmen, um zu überleben.

*Forschende vermuten, dass die Larven der Aale die bandförmigen Rippenquallen der Ordnung Cestida nachahmen, die von Räubern verschmäht werden.*

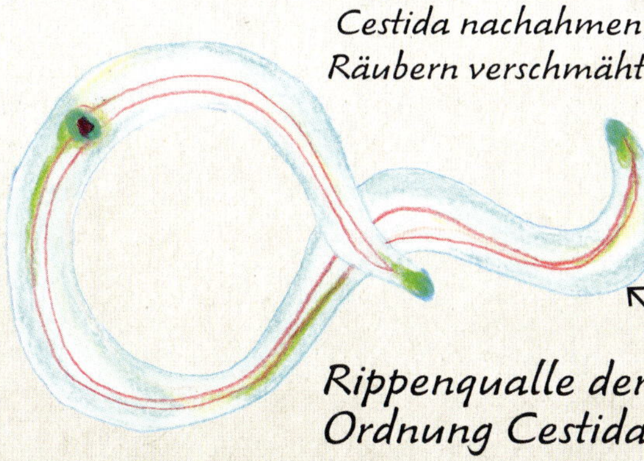

# ERWACHSEN WERDEN

Wenn die Fische heranwachsen, verändert sich ihr Körper und viele Larvenmerkmale verschwinden. Daher lässt sich nur schwer bestimmen, zu welcher Art eine Fischlarve gehört.

### Welche Larve gehört wohin?

Bisher hat man nur einem Bruchteil der Meeresfische ihre Larven zuordnen können. Erkennst du Ähnlichkeiten zwischen den Babys und den erwachsenen Tieren?

Anglerfischlarve

Muschelwächterlarve

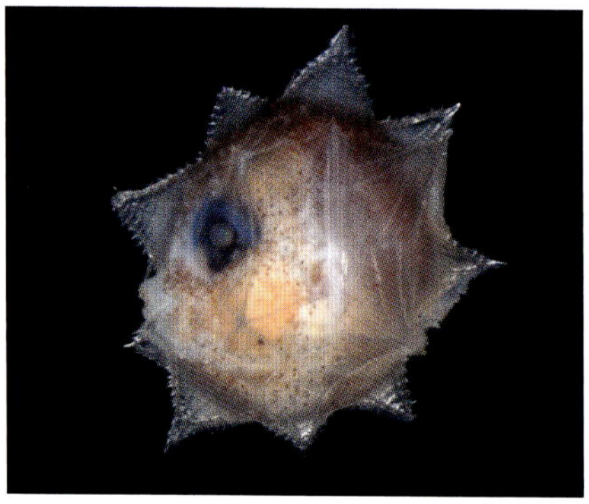

Mondfischlarve

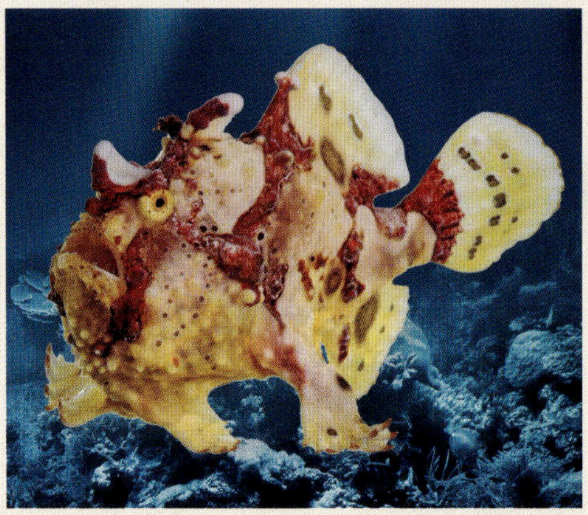

Erwachsener Anglerfisch

Erwachsener Muschelwächter

Erwachsener Mondfisch

*Flunderlarve*

## Wandernde Augen

*Wie alle Plattfische verbringt die Flunder ihr Leben flach am Meeresgrund, sodass es für sie von Vorteil ist, wenn sich beide Augen auf ihrer Oberseite befinden. Beim Schlupf ist das aber noch nicht so.*

*Erwachsene Flunder*

*Wie bei den meisten Fischen ist auf jeder Seite ein Auge.*

*Wenn der Fisch heranwächst, wandert ein Auge zu dem anderen.*

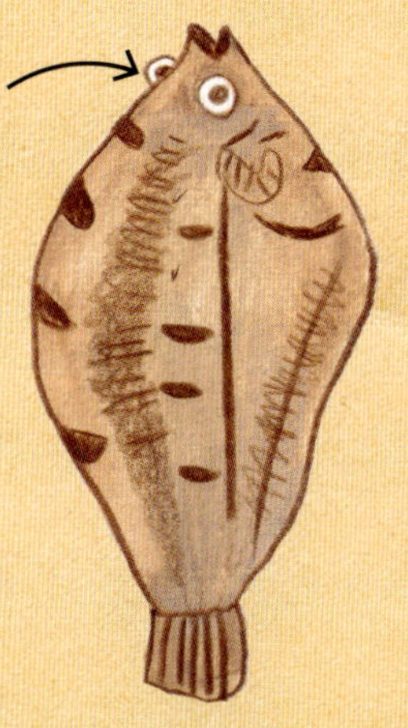

*Schließlich sind beide Augen auf der gleichen Seite.*

*Rotfeuerfischlarve*

*Bartmännchenlarve*

*Falterfischlarve*

*Erwachsener Rotfeuerfisch*

*Erwachsenes Bartmännchen*

*Erwachsener Falterfisch*

# GUT GESCHÜTZT

Die meisten Meerestiere leben im offenen Ozean, doch manche verstecken sich an bestimmten Orten. Ein Unterschlupf kann die Tiere vor Fressfeinden schützen, für Partner attraktiv sein oder Nahrung bieten. Manche Papageifische erzeugen eine Hülle aus Schleim, in der sie die Nacht über bleiben, sodass sie im Schlaf nicht von Parasiten belästigt werden. Der Schleim enthält Stoffe, die die Parasiten töten.

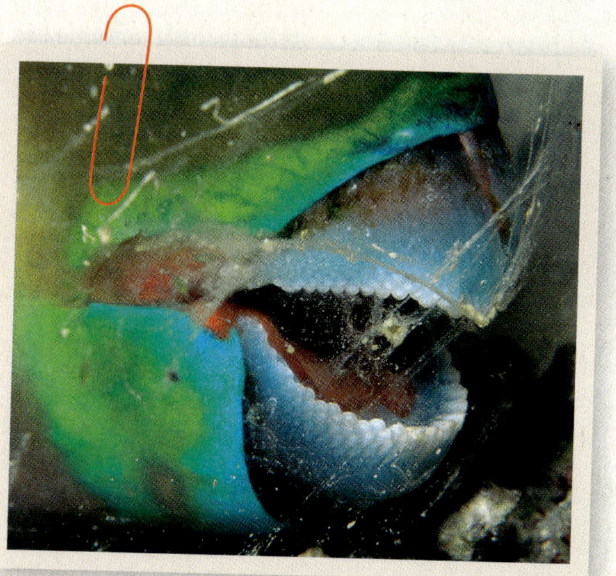

*Spezielle Drüsen hinter den Kiemen des Fisches erzeugen eine Schleimhülle, die seinen Körper umgibt – wie ein Schlafsack aus Schleim.*

# EINE KALKSCHALE

Das Papierboot ist ein Tintenfisch, der auch als Argonaut bezeichnet wird. Er verbringt sein Leben im offenen Ozean, wo es schwer ist, einen Platz zum Laichen zu finden. Deshalb baut das Weibchen ein schalenartiges Gebilde, in dem es sich mit seinen Eiern verstecken kann.

*Das Papierboot fängt Luft in seinem Gehäuse ein, damit es im Wasser schwebt.*

## Ein Gehäuse bauen

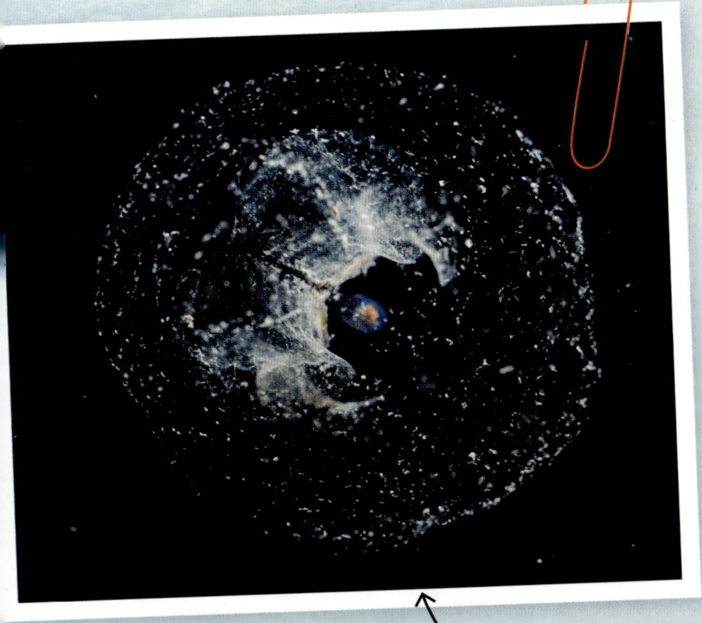

## Blasen erzeugen

Die Riesen-Larvacee ist ein kurioser Tiefseebewohner. Sie baut sich eine Hülle aus klebrigem Schleim, der von den Zellen ihres Kopfs abgegeben wird. Die Tiere sind keine 10 cm groß, doch ihre Hüllen können bis zu 1 m Durchmesser erreichen.

*Der Körper befindet sich in der Mitte einer riesigen Schleimblase.*

## Im Innern der Seegurke

Manche Eingeweidefische verstecken sich in den Körpern von Wirbellosen wie Seesternen und Muscheln. Ein besonders beliebter Platz ist auch der After einer Seegurke. Die meiste Zeit leben die Fische hier, ohne ihrem Wirt zu schaden, doch manchmal fressen sie seine Eingeweide.

*Die Seegurke atmet, indem sie Wasser über den After aufnimmt.*

*Der Fisch schwimmt in den After der Seegurke, wenn dieser sich öffnet, um Wasser aufzunehmen.*

# LAUTES MEER

Die Meere mögen friedlich wirken, doch sind sie ziemlich laut, wenn man genau hinhört. Es gibt singende Wale, grunzende Zackenbarsche und an Korallen knabbernde Papageifische. Die Schallgeschwindigkeit ist im Wasser etwa viermal höher als an Land, sodass viele Meerestiere ihr Gehör benutzen, um in Kontakt zu bleiben und zu überleben.

*Delfine und andere verwandte Meerestiere finden Nahrung und anderes mithilfe von Echoortung – der Fähigkeit, Objekte per Schall zu erkennen.*

# EIN MEER VOLLER GERÄUSCHE

Meerestiere erzeugen viele verschiedene Geräusche, um Nahrung zu finden, Rivalen einzuschüchtern und sich auszutauschen. Über 800 Fischarten – darunter Zackenbarsche, Papageifische und Anemonenfische – stöhnen, grunzen, trommeln, bellen, zirpen oder erzeugen andere Geräusche.

## Klein, aber laut

Knallkrebse benutzen ihre massive Schere, um ein unglaublich lautes Geräusch zu erzeugen und damit ihre Beute zu fangen. Der Knall ist so laut, dass er kleine Fische betäubt oder sogar tötet.

*Die Schere des Knallkrebses kann heftige 210 Dezibel erzeugen. Das ist lauter als ein Gewehrschuss, der etwa 160 Dezibel erreicht.*

## Lieder des Meeres

Die Gesänge der Wale bestehen aus lang gezogenem Stöhnen, Grunzen, Pfeifen und Jauchzen. Manche Wale können noch aus bis zu 16 000 km Entfernung gehört werden – das ist weiter als von Athen (Griechenland) bis nach Sydney (Australien).

*Blauwal*

*Buckelwal*

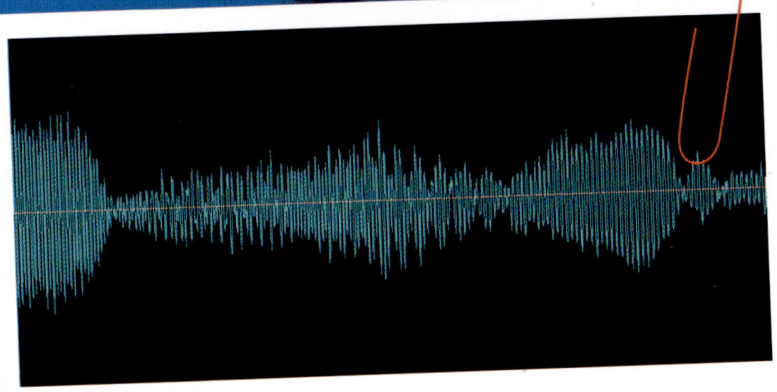

*So sieht ein Buckelwalgesang aus, wenn er aufgenommen wurde. Die Wale sind berühmt für ihre seltsamen und bezaubernden Melodien.*

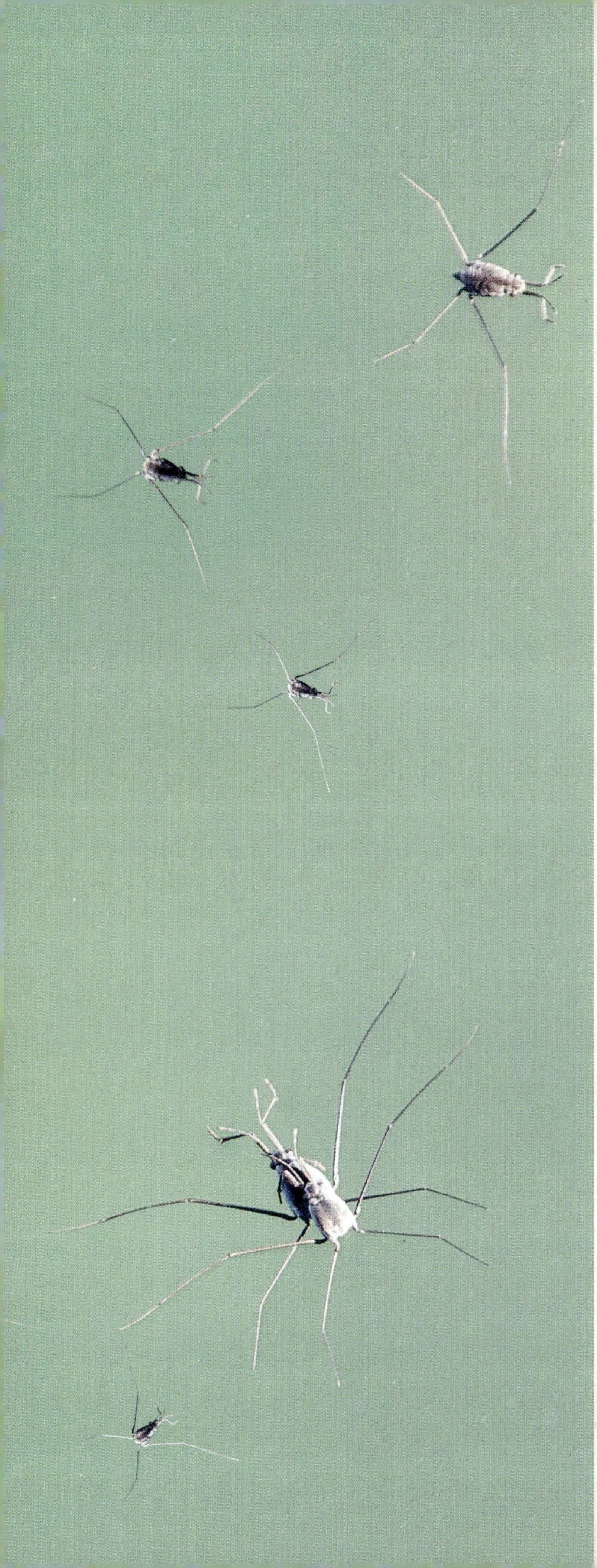

# MEERESINSEKTEN

Obwohl in den Meeren Vögel, Säugetiere, Reptilien und viele andere Tiere leben, fehlt eine große Gruppe: die Insekten. Nur fünf Insektenarten leben auf dem offenen Meer und sie alle gehören zu den Wasserläufern. Das sind kleine Wanzen, die über die Wasseroberfläche laufen können, ohne einzusinken.

*Auf der Meeresoberfläche zu leben, ist nicht leicht. Die Wasserläufer können sich nicht vor den Wellen, der brennenden Sonne und hungrigen Möwen in Sicherheit bringen.*

# NICHT VERSINKEN

Wasserläufer können an der Oberfläche des Meeres bleiben, ohne zu versinken. Das verdanken sie den winzigen Härchen an ihren Füßen und Beinen sowie einer wasserabweisenden Beschichtung ihres Körpers.

Wachsbedeckung

Wasserläufer erzeugen am Hinterleib eine wachsartige Substanz, die sie über den Körper und die Beine verteilen. Das Wachs weist das Wasser ab, sodass die Tiere die Wasseroberfläche nicht durchbrechen.

*Eine Kombination aus kurzen und langen Haaren auf den Beinen und Füßen wird mit Wachs eingerieben. So können die Wasserläufer sich auf dem Wasser bewegen, ohne einzusinken. Weniger als 5 Prozent eines Beins berühren die Wasseroberfläche!*

## INSEKTEN DER SEE

Auch wenn die Wasserläufer die einzigen Insekten auf dem offenen Meer sind, so gibt es doch viele Insekten, die an den Küsten leben.

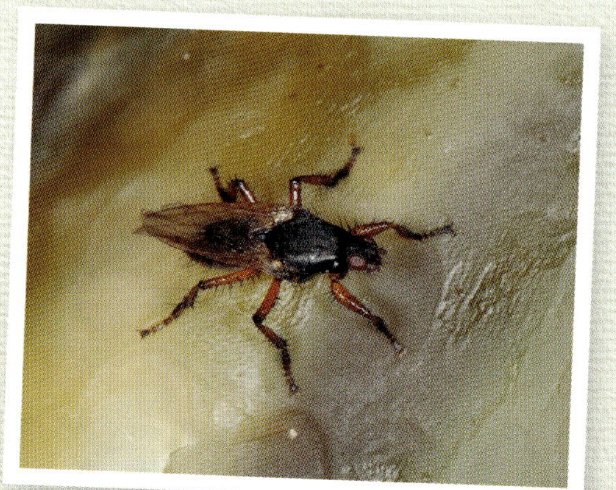

Tangfliege

*Wo es Tang gibt, gibt es meist auch Tangfliegen. Diese kleinen braunen Insekten versammeln sich an den Spülsäumen auf verrottendem Tang, der ihnen als Kinderstube für ihre Larven dient.*

## Lauernde Gefahr

Auf der Meeresoberfläche können Fressfeinde von oben oder von unten lauern, und es gibt kein Versteck. Wasserläufer haben sich an diese Umgebung angepasst und einen Trick entwickelt, um Angriffen blitzschnell auszuweichen.

*Ein Wasserläufer presst seinen Körper an die Wasseroberfläche, um von dort aus hochzuschnellen.*

*Das Insekt streckt plötzlich die Beine, um sich von der Wasseroberfläche abzustoßen …*

*… und springt schließlich in die Luft. Angeblich erreicht es Überschallgeschwindigkeit.*

## Eingebaute Schwimmweste

Die winzigen Haare auf dem Körper des Wasserläufers halten eine Lufthülle fest, die als Plastron bezeichnet wird. Sinkt das Tier ein, so dient diese Hülle als Schwimmweste, die es wieder an die Wasseroberfläche bringt. Außerdem kann das Insekt mit ihrer Hilfe unter Wasser atmen.

## Strand-Wolfspinne

*Diese winzigen Spinnen messen nur rund 11 mm im Durchmesser. Sie leben auf Sandstränden und sind dort durch ihre braune Farbe hervorragend getarnt. Ihr Biss ist giftig, für Menschen aber in der Regel nicht gefährlich.*

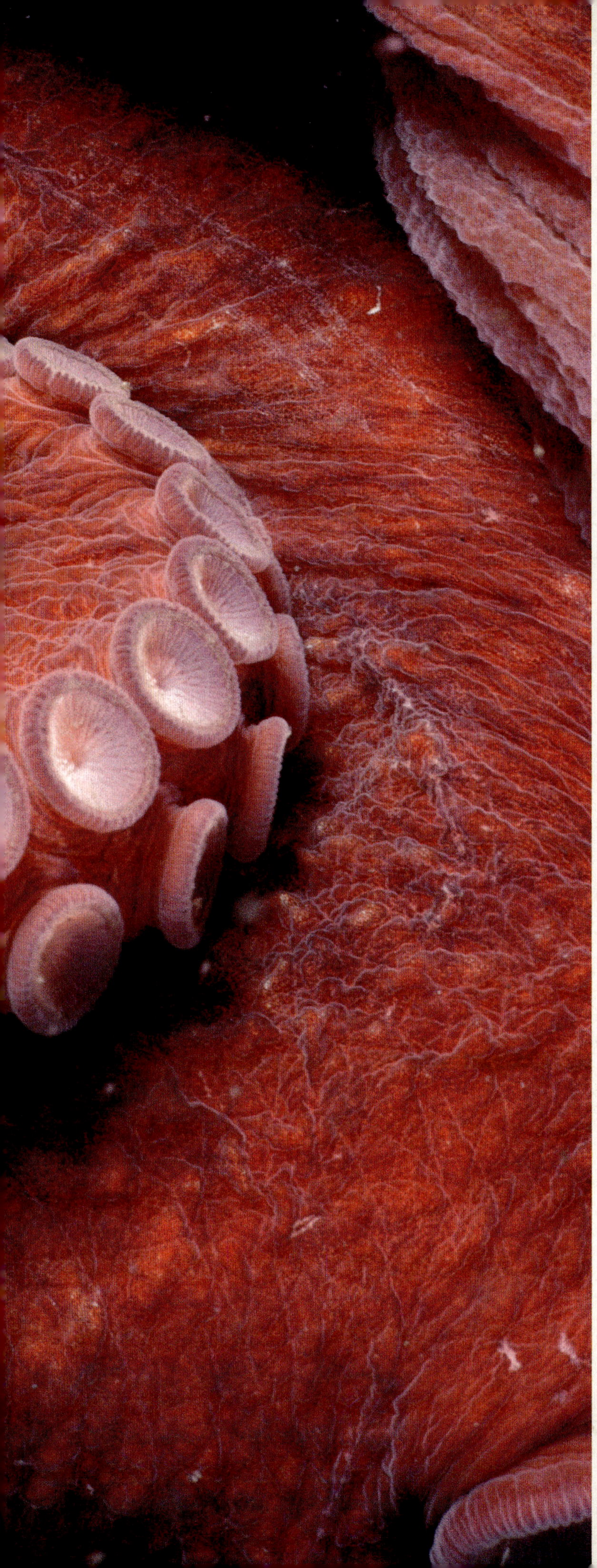

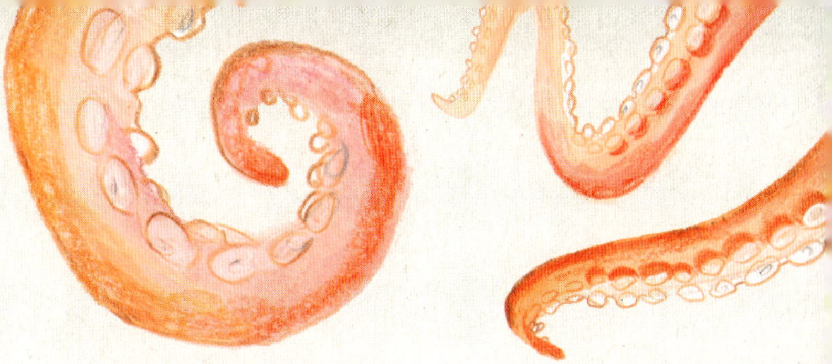

# SUPERSINNE

Der Ozean ist voller Tiere, die viel besser als wir riechen, sehen, tasten, fühlen und hören können. Einige Meeresbewohner besitzen sogar Sinne, die wir Menschen überhaupt nicht haben. Kraken haben zum Beispiel in einem ihrer Saugnäpfe (sie können Hunderte davon besitzen) so viele Geschmacksknospen wie wir auf unserer ganzen Zunge.

*Kraken nutzen ihre guten Geschmackssinne, um verborgene Beute zu finden und festzustellen, ob Nahrung essbar ist. Möglicherweise können sie sogar Menschen an ihrem Geschmack erkennen.*

# SPEZIELLE SINNE

Nicht nur ihr guter Geruchssinn macht aus Haien so gute Jäger. Haie und einige andere Fische haben spezielle Organe in ihrer Haut, mit denen sie die von anderen Tieren bei der Bewegung hervorgerufenen elektrischen Felder wahrnehmen können. Diese Organe heißen Lorenzinische Ampullen. Sie können Haien bei der Suche nach Beute helfen, die weit entfernt oder im Sand vergraben ist.

Lorenzinische Ampullen

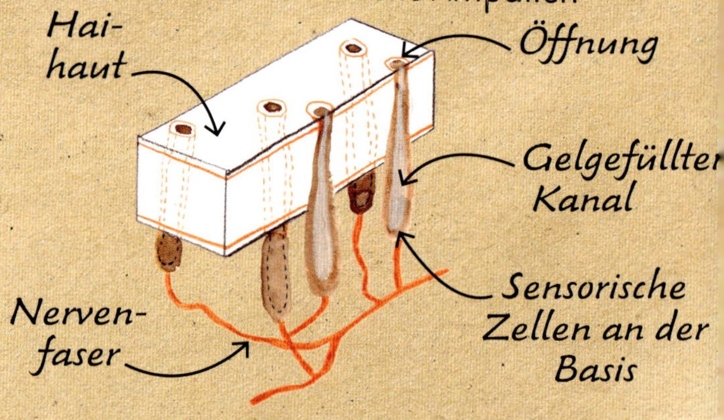


*Die Lorenzinischen Ampullen bilden ein Netzwerk gelgefüllter Vertiefungen in der Haut. Das Gel überträgt elektrische Signale von anderen Tieren zu sensorischen Zellen an der Basis der Ampullen. Das Signal wird dann über Nerven weitergeleitet.*

## Hilfreiche Haare

Rundschwanzseekühe oder Manatis besitzen spezielle Haare auf dem Körper, mit denen sie die geringste Wasserbewegung in ihrer Nähe spüren können. Außerdem tragen sie lange Schnurrhaare im Gesicht, mit denen sie ihre Seegras-Nahrung finden, wenn das Wasser trüb ist.

## Sinne fürs Gleichgewicht

Rippenquallen besitzen sogenannte Statocysten, um oben von unten unterscheiden zu können. So wissen sie immer, wo sie sich befinden, wenn sie zwischen seichten Gewässern und der Tiefsee hin- und herwandern.

*Der Krake nutzt seine Saugnäpfe, um zu tasten und zu schmecken.*

## Seitenlinienorgan

Fast alle Fische und einige Amphibien besitzen an ihren Seiten Tausende empfindliche Sinneszellen. Zusammen bilden sie das Seitenlinienorgan. So können Fische Vibrationen und Druckunterschiede im sie umgebenden Wasser wahrnehmen, z. B. wenn ein anderer Fisch vorbeischwimmt.

# SICHER IM SCHWARM

Im offenen Meer kann man sich häufig nur hinter einem Artgenossen verstecken. Wenn ein Räuber sie verfolgt, ballen sich kleine Fische oft zu einem kugelförmigen Schwarm zusammen, der Hunderttausende von Fischen umfassen kann. Die kleinen Fische versuchen so sich zu schützen, doch Raubfische haben gelernt, diese Schwärme aufzulösen.

*Ein einzelner Fisch ist für einen Räuber ein leichtes Ziel. Ein Fisch in einer Menge anderer Fische ist nicht so leicht zu erbeuten.*

# LEICHTE BEUTE

Obwohl kleine Fische in der Gruppe meist sicherer sind, kann ein solcher Schwarm auch Fressfeinde anlocken. Räuber wie Haie, Schweinswale und viele andere haben Methoden entwickelt, mit denen sie Schwarmfische erbeuten können.

## Buckelwale

Buckelwale gehören zu den Bartenwalen. Sie haben einen besonderen Trick entwickelt, um Nahrung zu erbeuten. Sie schwimmen unter einen Fischschwarm und schießen dann mit weit geöffnetem Maul nach oben. Beim Öffnen ihrer enormen Mäuler werden Fische und eine gewaltige Wassermenge eingesaugt.

*Fächerfische, Schwertfische und verwandte Arten stoßen mit ihren schwertähnlichen Schnauzen in einen Schwarm, schlagen damit um sich und betäuben so die Fische. Die benommenen Opfer trudeln aus dem Schwarm heraus und werden zu leichter Beute.*

*Seevögel wie die Tölpel stürzen sich aus bis zu über 30 m Höhe und tauchen mit rasender Geschwindigkeit ins Wasser ein. Sie können mit bis zu 86 km/h ins Wasser stoßen und so die Fische im Schwarm überraschen.*

## Großer Schwarzspitzenhai

Dieser auch als Spinnerhai bezeichnete Fisch durchdringt den Schwarm wie ein Pfeil und beißt wild um sich. Die Haie bewegen sich so schnell, dass sie oft die Wasseroberfläche durchbrechen und durch die Luft fliegen.

## SCHWARMBILDUNG

### Zusammendrängen

*Kugelförmige Schwärme bilden sich, wenn Räuber auf einen Fischschwarm treffen, der sich ein Stück weit unter der Wasseroberfläche befindet. Der Räuber versucht nun den Schwarm zur Oberfläche zu drängen. Schließlich können die Fische zwischen Räuber und Oberfläche nicht mehr entkommen.*

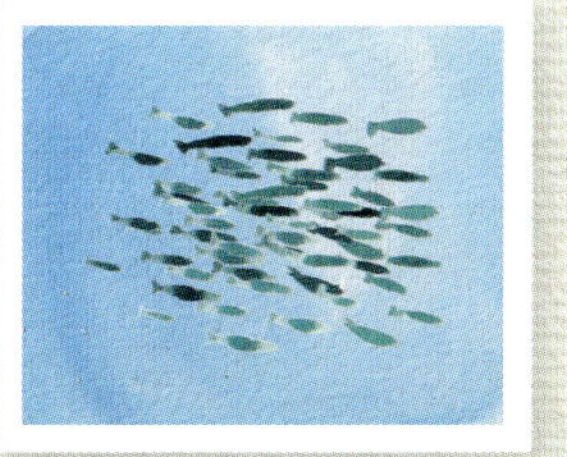

*1. Kleine Fische schwimmen in lockeren Schwärmen, bis ein Räuber unter ihnen auftaucht.*

*2. Der Räuber drängt die Fische zur Oberfläche. Die Fische versuchen dem Räuber auszuweichen.*

*3. Die Fische bilden eine dichte Kugel, um sich gegenseitig zu schützen. Einzelne Fische würden sofort erbeutet.*

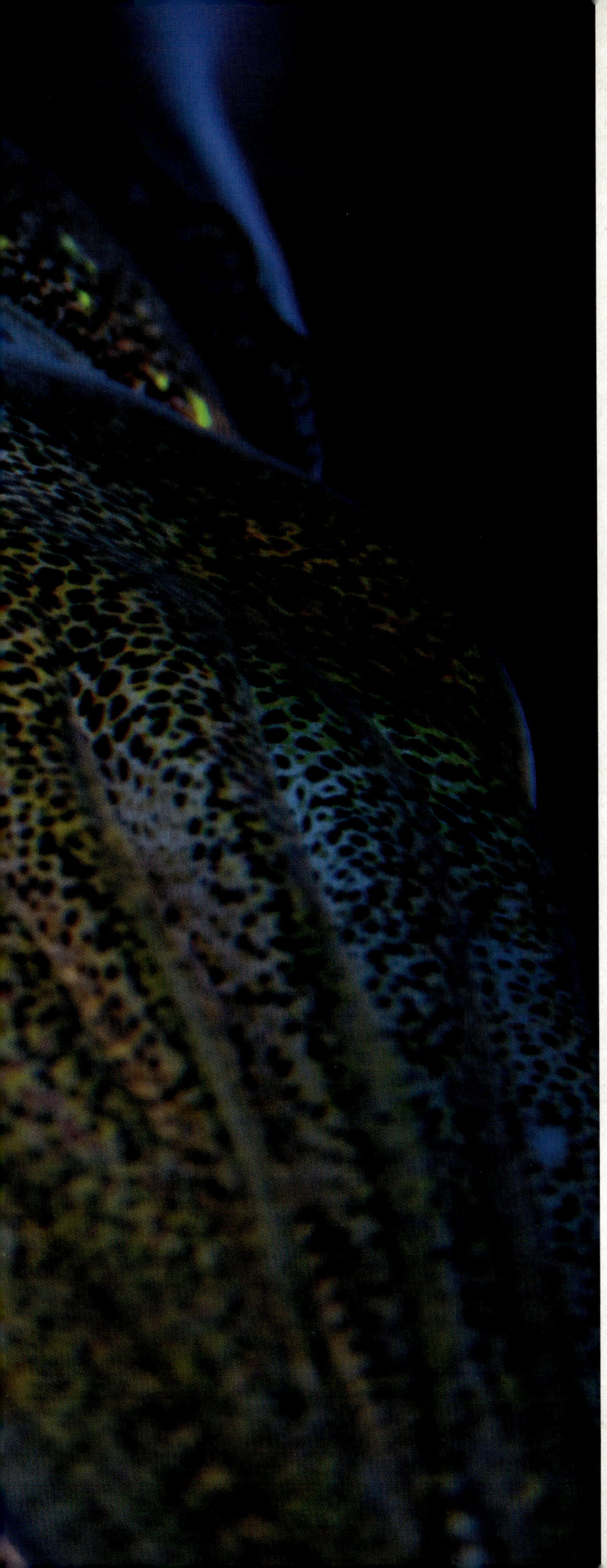

Kalmare gehören, wie auch die Schnecken und Muscheln, zu den Weichtieren oder Mollusken.

# KALMARE

Vielleicht hast du schon einmal vom Riesen- oder vom Kolosskalmar gehört, doch die Größe ist nicht das einzige besondere Merkmal der Kalmare. Sie können blitzschnell ihre Farbe ändern, Tinte ausstoßen und schneller als alle anderen Wirbellosen im Meer schwimmen. Bei solchen Talenten ist es kein Wunder, dass diese Tiergruppe nun schon seit 500 Millionen Jahren die Meere besiedelt.

Der Langarm-Kalmar, eine neu entdeckte Art der Tiefsee, hat die längsten Arme aller Kalmare. Sie werden vermutlich 4–8 m lang.

# WEICHTIER MIT TINTE

Über 300 Kalmar-Arten leben in der Tiefsee, in seichten Korallenriffen und überall dazwischen. Ihre Fähigkeit, sowohl Räuber als auch Beute auszutricksen, ermöglichte ihnen, nahezu jeden Winkel der Meere zu besiedeln.

*Ein Kalmar kann seine Farbe in einem Sekundenbruchteil wechseln.*

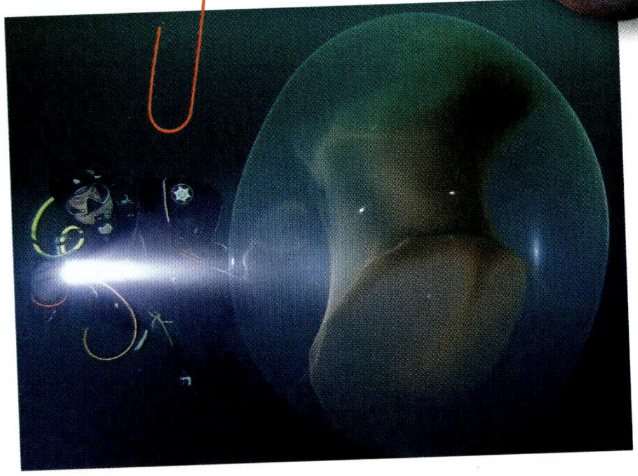

*Der riesige Eisack des weiblichen Kurzflossenkalmars kann zwischen 50 000 und 200 000 Eier enthalten.*

### Riesige Eier

Im Jahr 2019 stießen Tauchende im Meer vor Norwegen auf einen Klumpen, der fast so groß war wie sie selbst. Bei näherer Betrachtung stellten sie fest, dass er Hunderttausende von Kalmareiern enthielt. Es handelte sich um einen Eisack eines Südlichen Kurzflossenkalmars.

## IST ES EIN KALMAR ODER EIN KRAKE?

### Krake

*Der Krake hat acht Arme, die mit doppelten Reihen starker Saugnäpfe besetzt sind, und der Leib ist rund.*

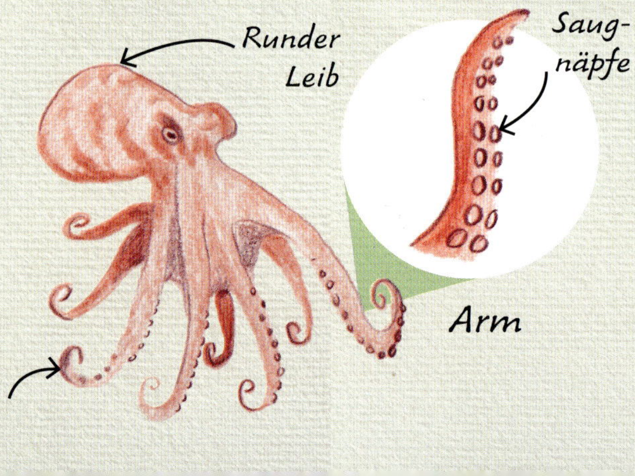


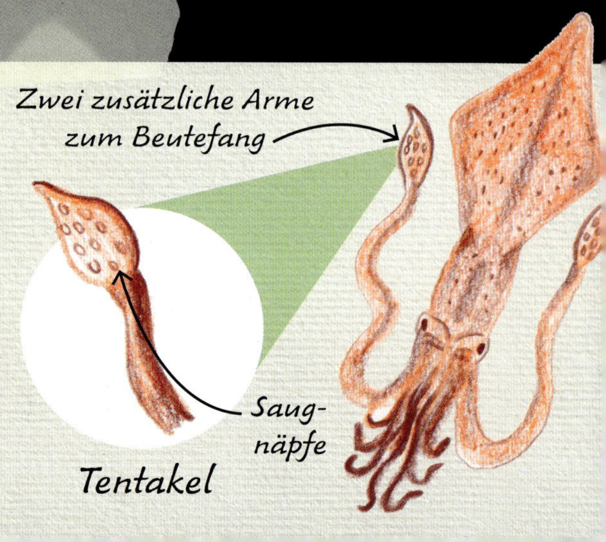

## Superwaffen

Viele Kalmare wie dieser Pazifische Flugkalmar besitzen Ringe spitzer Zähne in den Saugnäpfen auf ihren Armen. Manche haben auch gefährliche Haken in ihren Saugnäpfen, die sie in ihre Beute schlagen.

### Kalmar

*Wie der Krake trägt auch der Kalmar Saugnäpfe an den Armen, doch hat er zwei zusätzliche Arme, um Beute zu packen. Der Leib ist eher eckig.*

Wie Kraken können Kalmare Tinte ausstoßen, um einen Angreifer abzulenken. In manchen Ländern wird die Tinte bei der Essenszubereitung benutzt.

# BESTE FREUNDE

In den Meeren gibt es oft Tiere verschiedener Arten, die sich zu einem Team zusammentun. So jagen manche Zackenbarsche und Muränen gemeinsam. Diese Freundschaften können ganz unterschiedlich sein. Bei manchen haben beide Partner einen Vorteil, andere nützen nur dem einen, schaden dem anderen aber auch nicht. Die Zusammenarbeit kann bei der Nahrungssuche, bei der Verteidigung gegen Räuber oder bei der Körperpflege vorteilhaft sein.

# STARKES TEAM

Für manche Meerestiere macht die Zusammenarbeit mit anderen Arten es viel leichter, Nahrung oder einen Unterschlupf zu finden. Manche Partnerschaften bieten so große Vorteile, dass die eine Art nicht ohne die andere überleben kann.

Wenn ein Seeigel sich von einer Seeigel-Krabbe mitnehmen lässt, schützen seine Stacheln die Krabbe vor Fressfeinden, während er selbst zu neuen Nahrungsquellen gelangt.

## FOTOSYNTHESE IM RIFF

Winzige Algen, die Zooxanthellen, erzeugen Nahrung durch Fotosynthese. Die Algen teilen sich ihre Nahrung mit den Korallen. Als Gegenleistung dürfen sie sicher im Körper der Korallen leben.

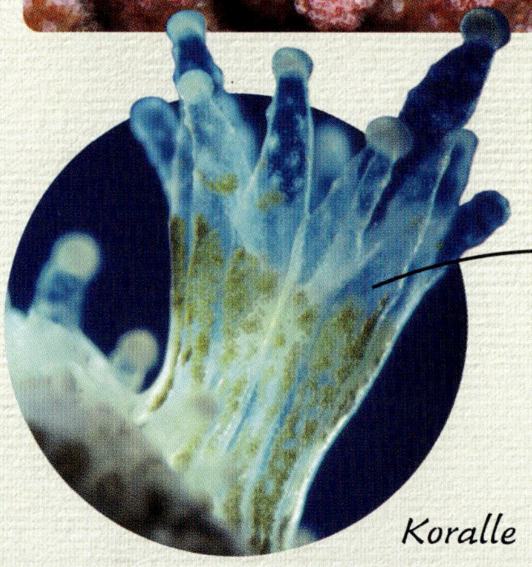

Koralle

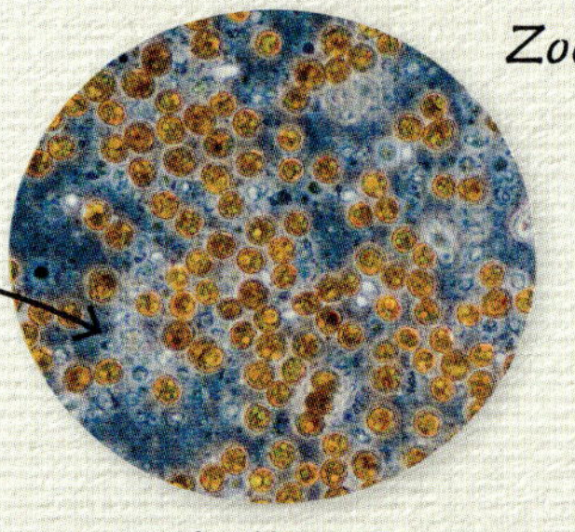

Zooxanthellen

Die Zooxanthellen versorgen die Korallen nicht nur mit Nahrung, sie tragen auch zur Färbung bei.

*Schiffshalter verbringen einen großen Teil ihres Lebens am Körper viel größerer Arten wie Haien, Meeresschildkröten und Riesenmantas. Auf diese Weise sind sie gut vor Fressfeinden geschützt. Im Gegenzug halten sie die Haut ihres Wirts sauber und frei von Parasiten.*

## Zufriedene Wohngemeinschaft

Grundeln und Pistolenkrebse leben zusammen in Bauen, die vom nahezu blinden Pistolenkrebs gebaut und in Schuss gehalten werden. Dafür warnt die Grundel den Krebs mit Schwanzschlägen vor Feinden.

# DIE BLAUE FLOTTE

Ein großer Teil der Meeresoberfläche wird von treibenden Organismen bewohnt, die man wegen ihrer Farbe als Blaue Flotte bezeichnet. Diese von Wind und Strömungen verdrifteten Tiere sind immer noch wenig erforscht. Um an der Wasseroberfläche zu bleiben, haben sie faszinierende Methoden entwickelt. Die Veilchenschnecke auf dem linken Bild baut sich ein Floß aus Luftblasen, die sie mit ihrem Schleim umhüllt hat.

*Dieses seltsame und schöne Tier ist eine Segelqualle. Sie schwimmt mithilfe von gasgefüllten Kammern. Ihre Tentakel hängen herab, um Beute zu fangen.*

# AUFTRIEBSKÖRPER

Tiere der Blauen Flotte haben unterschiedliche Möglichkeiten, sich an der Wasseroberfläche zu halten. Aufgrund ihrer Farbe sind sie gut getarnt.

## Portugiesische Galeere

Wie die übrigen Tiere der Blauen Flotte kann sich die Portugiesische Galeere nicht selbst fortbewegen. Sie ist vom Wind und den Strömungen abhängig. Ein gasgefülltes Floß hält sie an der Oberfläche. Mit ihrem Segel nutzt sie den Wind zur Fortbewegung.

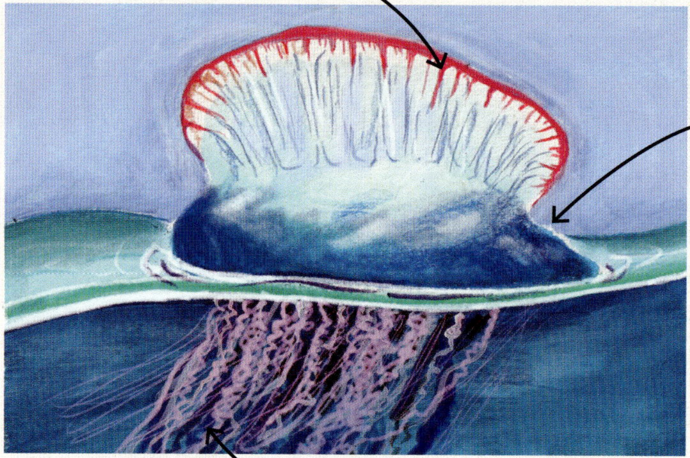


## Plastik oder Tiere?

Tiere der Blauen Flotte leben auf der ganzen Welt, vor allem aber im offenen Meer. Oft sammeln sie sich in der Nähe von Müllstrudeln, weil sie von den gleichen Strömungen bewegt werden.

Der obere Teil der Portugiesischen Galeere besteht aus einem Floß und einem Segel.

## Treibende Gefahr

Die Portugiesische Galeere ist extrem giftig. Sie kommt vor allem in wärmeren Gewässern vor, auch im Mittelmeer. Sie sieht wie eine einfache Qualle aus, ist aber eine sogenannte Staatsqualle, das heißt, sie besteht aus vielen Einzeltieren. Diese werden Polypen genannt. Wie die Organe eines Körpers sind sie auf verschiedene Aufgaben spezialisiert und arbeiten alle zusammen.

Für die Ausbildung der Fangfäden sind bestimmte Polypen zuständig.

*Die Tiere der Blauen Flotte weisen die verschiedensten Formen und Größen auf. Die Blaue Ozeanschnecke schwimmt mithilfe einer Luftblase im Magen.*

Die Polypen, die die Tentakel bilden, besitzen ein Nesselgift, das Fische lähmen und auch Menschen ernsthaft verletzen kann. Wenn du also eine Portugiesische Galeere siehst, geh sofort aus dem Wasser!

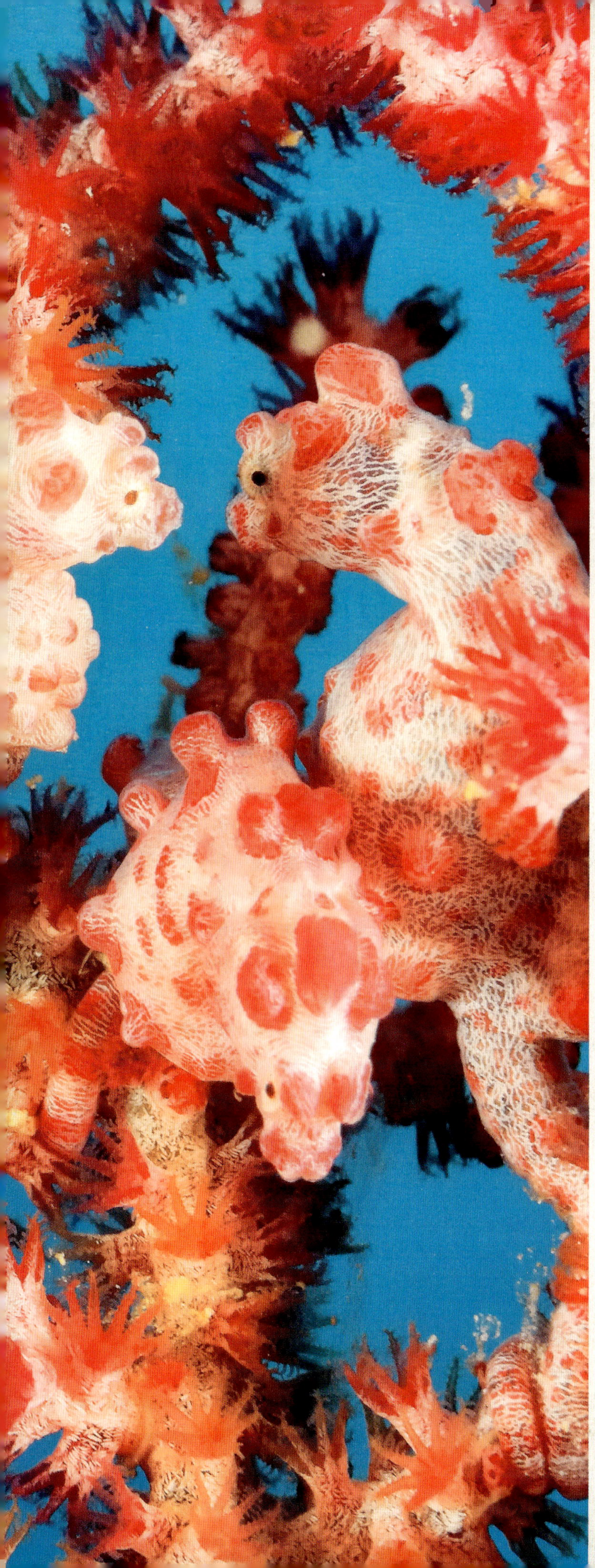

# GUT VERSTECKT

Da es in den Meeren wenige Verstecke gibt, haben viele Tiere Tricks entwickelt, um sich gut zu tarnen. Manche ahmen eine wenig schmackhafte Art nach, während sich andere ihrer Umgebung anpassen. Das Zwergseepferdchen ist kaum von den rosafarbenen Korallenpolypen zu unterscheiden, die es umgeben.

*Zwergseepferdchen sind so gut getarnt, dass sie erst im Jahr 1969 entdeckt worden sind. Ein Wissenschaftler in Neukaledonien, einer Inselgruppe im Pazifik, fand ein Paar auf einer Gorgonie, die er fürs Labor gesammelt hatte.*

# IMMER PERFEKT GETARNT

Sepien, Kraken und Kalmare gehören alle zu den Kopffüßern. Sie kennen einige Tricks, um in ihrer Umgebung nicht aufzufallen. Beispielsweise können sie die Farbe, ihr Muster und in manchen Fällen sogar die Struktur ihrer Haut ändern.

*Zwergtintenfische besitzen Bakterien, die ihre Hautfarbe an die des Meeres über ihnen anpassen können. So können sie von der Beute unter ihnen nicht gesehen werden.*

*Manche Kopffüßer können die Struktur ihrer Haut verändern, indem sie sogenannte Papillen bilden.*

## WIE LÄSST SICH DIE TARNUNG ÄNDERN?

### Spezialisierte Haut

*Das Geheimnis der Tarnung der Kopffüßer liegt in ihrer Haut. Drei Zelltypen auf drei Hautschichten kontrollieren die Farbe und Wirkung der Haut.*

*Querschnitt durch eine Kopffüßer-Haut*

## Tarnfarbe

Manche Arten wie diese Flunder sehen genauso aus wie ihre Umgebung. Indem sie sich auf dem sandigen Meeresgrund, in Korallenriffen oder auf Seegraswiesen tarnen, können sie sich vor Räubern verstecken oder ihre Beute überraschen.

## Licht zur Tarnung einsetzen

Mit einem hellen Bauch und einem dunklen Rücken können sich manche Tiere vor dem von oben kommenden Licht und dem tiefen Wasser unter ihnen unsichtbar machen. Haie benutzen diese Konterschattierung, um sich unbemerkt ihrer Beute zu nähern.

## Verkleidung

Manche Seespinnen sind unauffällig, weil sie sich verkleiden. Um auf dem Meeresboden nicht aufzufallen, bedecken sie sich mit Algen, Schwämmen und kleinen Seeanemonen, die sie an den Haaren auf ihrem Körper befestigen.

*Wenn eine Seespinne aus ihrem Panzer herauswächst und einen neuen bildet, verwendet sie ihre Dekorationen wieder.*

*In der obersten Hautschicht verändern die Pigmentzellen die Farbe der Haut in Rot, Schwarz und Braun.*

*In der zweiten Schicht brechen Iridophoren das Licht und erzeugen Grün, Blau und Gold.*

*In der dritten Schicht spiegeln Leukophoren die Farben der Umgebung.*

# UNHEIMLICHE TIERE

Auch wenn es unter dem Meeresspiegel keine Insekten gibt, leben hier genug andere Tiere, die dir eine Gänsehaut verursachen können. Von Seespinnen, die größer als dein Kopf sind, bis zu riesigen Würmern mit furchterregenden Kiefern – die Meere sind die Heimat vieler unheimlicher Kreaturen.

*Der bis zu 3 m lange Bobbit-Wurm wäre der Star eines jeden Albtraums. Er hat keine Augen, aber scherenartige Kiefer, die unglaublich schnell zuschnappen können, um die Beute in Stücke zu zerlegen.*

# ASSELSPINNEN

Asselspinnen suchen auf dem Meeresgrund nach Tieren mit weichen Körpern, die sie fressen können. Dazu stechen sie ein großes, strohhalmartiges Mundwerkzeug, das sogenannte Proboscis, in den Körper der Beute und saugen sie aus, bis nichts mehr übrig ist.

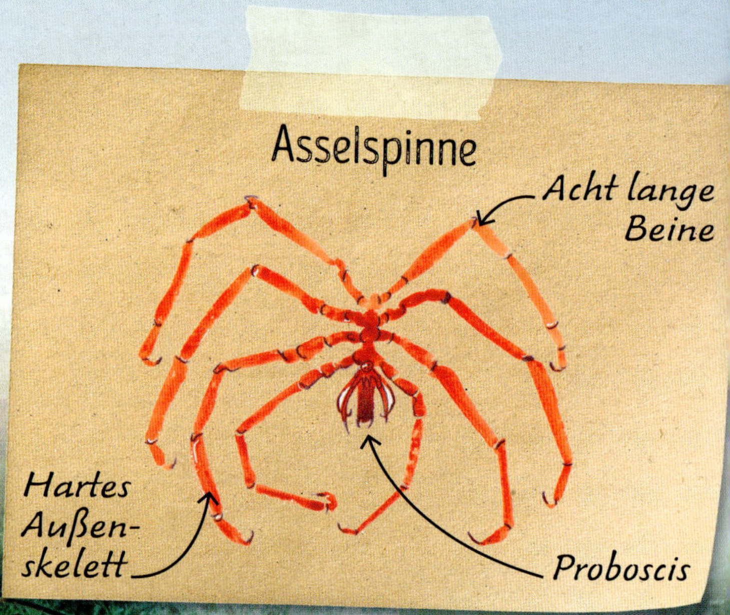

*Die Beine der Asselspinnen können von 1 mm bis zu 50 cm lang sein.*

## Schlüpfende Asselspinnen

Baby-Asselspinnen starten ihr Leben mithilfe ihrer Väter. Nach der Besamung sammelt der Vater die Eier ein und bedeckt sie mit einer klebrigen Substanz, um sie gut tragen zu können. Bis zum Schlupf schleppt er die Eier mit sich umher.

## Eine Assel anstelle der Zunge

Diese Assel sichert sich ihr Essen auf unangenehme Weise. Das kleine Krebstier schleicht sich durch die Kiemen in das Maul eines Fisches, wo es sich vom Blut der Zunge ernährt, bis sie abstirbt. Die Assel ersetzt nun die Zunge, sodass der Fisch überlebt, und ernährt sich von den Speiseresten im Maul.

*Die Assel hat die Zunge ersetzt.*

## Bunte Kronen

Mit ihren wunderschönen, bunten Tentakelkronen sehen Weihnachtsbaum-Würmer fast wie die Bäume aus, deren Namen sie tragen. Ihre Körper verstecken sie in Röhren im Gestein, und bei Gefahr ziehen sie auch ihre Tentakelkrone blitzschnell ein – so wie eine Schildkröte den Kopf in den Panzer einzieht.

*Die mit Tentakelkronen geschmückten Würmer sind harmlos. Sie ernähren sich von Plankton, das sie mit den feinen Borsten ihrer Kronen fangen.*

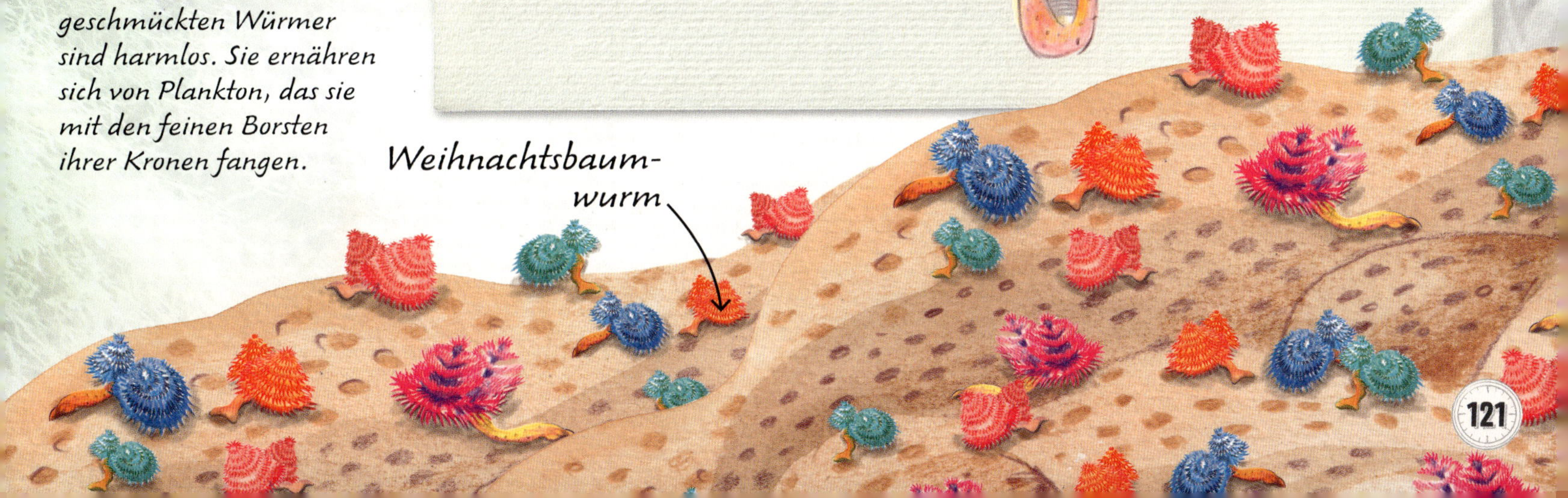

*Ein männliches Seepferdchen entlässt seine Jungen.*

# DIE BESTEN ELTERN

Viele Meeresfische kümmern sich hingebungsvoll um die Brut. Dieser männliche Goldstirn-Brunnenbauer trägt einen Eiballen in seinem Maul, bis die Jungen schlüpfen. Während dieser Zeit der Brutpflege kann er allerdings selbst nicht fressen!

*Der männliche Goldstirn-Brunnenbauer trägt die Eier in seinem Maul. Gelegentlich spuckt er sie kurz aus, um sie durchzuspülen, bevor er sie wieder aufnimmt.*

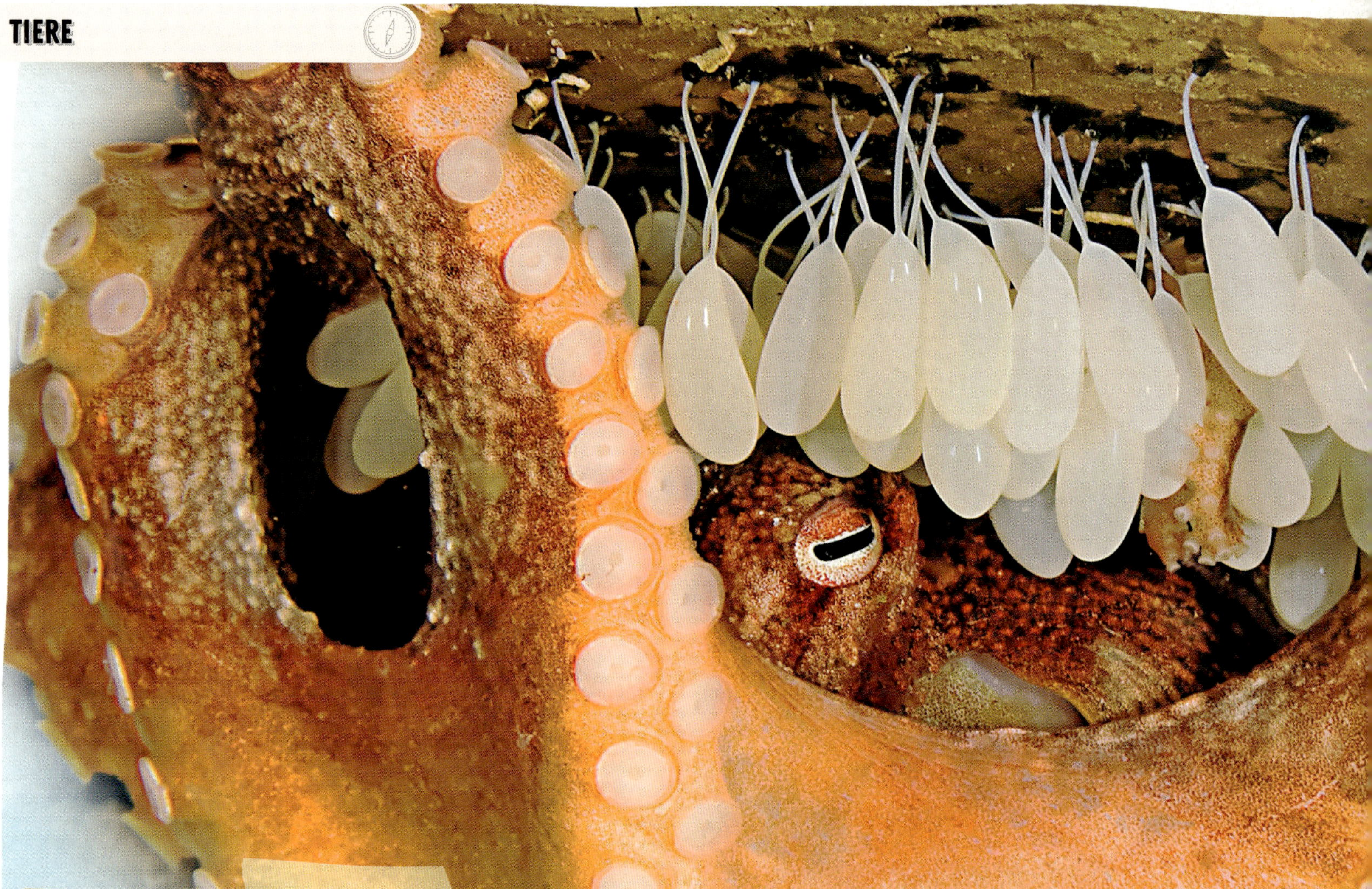

*Ein weiblicher Pazifischer Riesenkrake kann bis zu 74 000 Eier ablaichen.*

### Extreme Brutpflege

Die meisten Krakenweibchen kümmern sich einige Monate lang um ihre Eier. Doch Forschende haben einen Tiefseekraken dabei beobachtet, dass er 53 Monate lang Brutpflege betrieb – die längste bekannte Zeit unter den Tieren.

# GUTE ELTERN

Die Eltern der Meerestiere bringen bei der Jungfischaufzucht große Opfer. Krakenmütter betreiben eine sehr intensive Brutpflege. Nach der Paarung kümmern sie sich 24 Stunden am Tag um die Eier, bis die Jungen schlüpfen. Oft finden sie selbst keine Zeit zu fressen – diese Hingabe kann sie sogar das Leben kosten!

*Das Krakenweibchen heftet die Eier an einen Fels, wo sie bis zum Schlüpfen hängen bleiben.*

## Grauwale

Grauwale schwimmen pro Jahr 16 000 km auf dem Weg zu ihren Nahrungsgewässern und zurück. Die Mütter bleiben auf der ganzen Reise in unmittelbarer Nähe ihrer Jungen, um sie vor Räubern wie Schwertwalen und Weißen Haien zu schützen.

## Seepferdchenvater

Bei den Seepferdchen werden die Männchen trächtig! Während der Paarung überträgt das Weibchen die Eier in die Bruttasche des Männchens. Hier werden sie besamt und entwickeln sich, bis die Jungen schlüpfen.

*Die „Geburt" kann sich über mehrere Tage hinziehen.*

*Viele Fische wechseln innerhalb ihres Lebens das Geschlecht.*

# GESCHLECHTS-UMWANDLUNG

Meeresbewohner durchlaufen auf dem Weg zum erwachsenen Tier viele Veränderungen, über Farbwechsel bis zum Verlust von Körperteilen. Manche Arten wechseln sogar das Geschlecht vom Weibchen zum Männchen oder andersrum. Einige Arten tun das nur einmal in ihrem Leben, doch andere sind gleichzeitig Männchen und Weibchen!

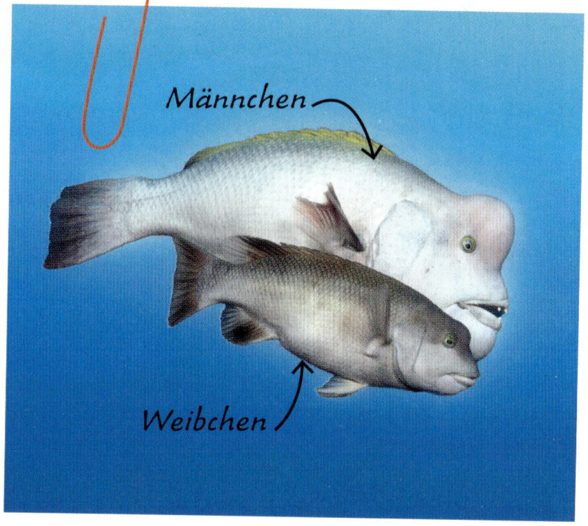


*Der Schafskopf-Lippfisch wechselt sein Geschlecht vom Weibchen zum Männchen. Das ist ein langer Prozess, der jedoch dafür sorgt, dass die Zahl der möglichen Nachkommen erhöht wird.*

*Die Goldbrasse verbringt ihre ersten Jahre als Männchen, wechselt das Geschlecht und ist von nun an ein Weibchen.*

# GROSSE VERÄNDERUNG

Etwa 500 Fischarten sind Hermaphroditen oder Zwitter, können also sowohl Männchen als auch Weibchen sein. Nur wenige besitzen männliche und weibliche Geschlechtsorgane zur gleichen Zeit. Oft sind sie zuerst Männchen und dann Weibchen oder umgekehrt.

## Vom Männchen zum Weibchen

Anemonenfische werden als Männchen geboren. Sie leben in Seeanemonen in Gruppen zusammen, die aus einem erwachsenen Pärchen und vielen nicht geschlechtsreifen männlichen Jungen bestehen. Stirbt das Weibchen, wächst das größte Männchen heran und wird zum Weibchen. So müssen die Tiere die Seeanemone nicht verlassen, um eine neue Partnerin zu finden.

## Hin und her

Die meisten Fische wechseln ihr Geschlecht nur einmal im Leben. Doch manche, wie diese Blaustreifengrundel, tun das immer wieder. So können sich die Fische an Veränderungen in ihrer Umgebung anpassen, etwa wenn ein Mangel an Männchen herrscht.

## Wandelbare Embryonen

Fast alle Fischarten können ihr Geschlecht als Embryo mehrfach wechseln. Ob sie es tun, hängt von Eigenschaften der Umgebung wie der Temperatur und dem Säuregehalt des Wassers oder der Gegenwart bestimmter Parasiten ab.

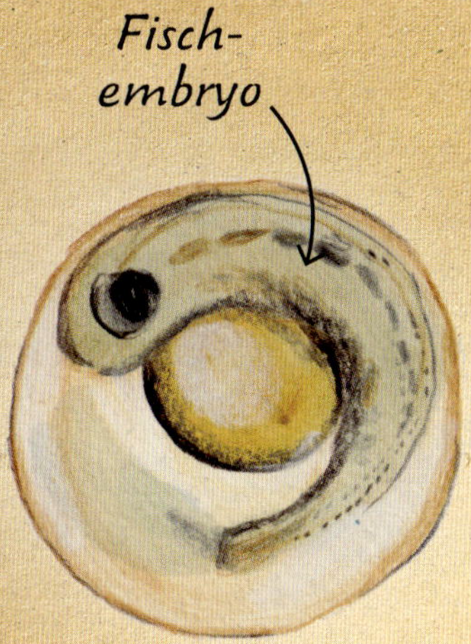


## Der seltsame Tabakbarsch

Der Tabakbarsch, ein kleiner Riffbewohner, hat gleichzeitig männliche und weibliche Geschlechtsorgane. Er kann die Geschlechterrollen mit seinem Partner oder seiner Partnerin bis zu 20-mal während der Paarungszeit wechseln. So erhöht er die Zahl seiner Nachkommen.

*Das Tier in der Weibchenrolle legt zwei Eipakete unmittelbar nacheinander.*

*Die Eipakete werden vom Tier in der Männchenrolle besamt. Danach wechseln die Fische die Rollen und wiederholen den Prozess.*

# TIEF IM ABGRUND

Obwohl die Tiefsee der größte Lebensraum der Welt ist, ist er gleichzeitig der am wenigsten erforschte. Hier ist es eiskalt und es herrscht ein gewaltiger Druck. Außerdem ist es stockfinster. Und doch lebt hier eine Vielzahl von Tieren, die so seltsam sind, dass sie von einem anderen Planeten stammen könnten. Diese Tiere sind jedoch von großer Bedeutung: Sie sind für das Gleichgewicht aller anderen Lebensräume im Meer und auf der ganzen Erde unglaublich wichtig.

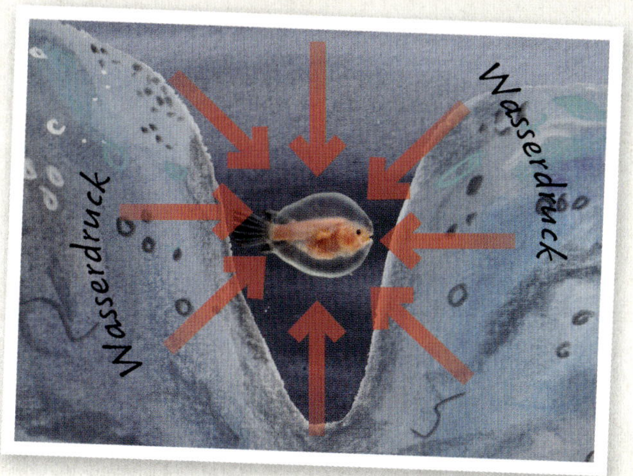


*Auf dem tiefsten Teil der Meere lastet eine so gewaltige Wasserschicht, dass der Druck dort rund 1100 kg pro Quadratzentimeter betragen kann – so als ob ein Nashorn auf deinem großen Zeh stünde!*

# FINSTERE TIEFEN

Um zu überleben, mussten sich die Arten an die finstere Tiefsee anpassen. Da sie sich in der Dunkelheit am besten mit Lichtsignalen verständigen können, leuchten 75 Prozent der Tiefseelebewesen. Das bezeichnet man als Biolumineszenz.

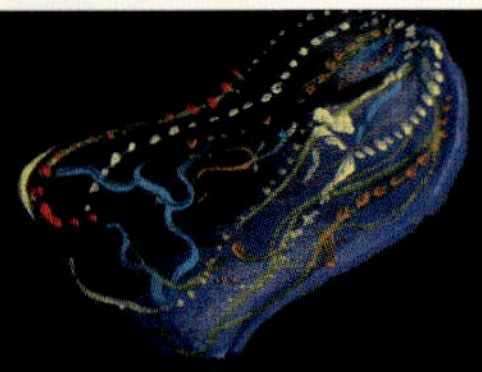

*Man weiß nicht, warum manche Rippenquallen Licht erzeugen – vielleicht um Feinde abzuschrecken.*

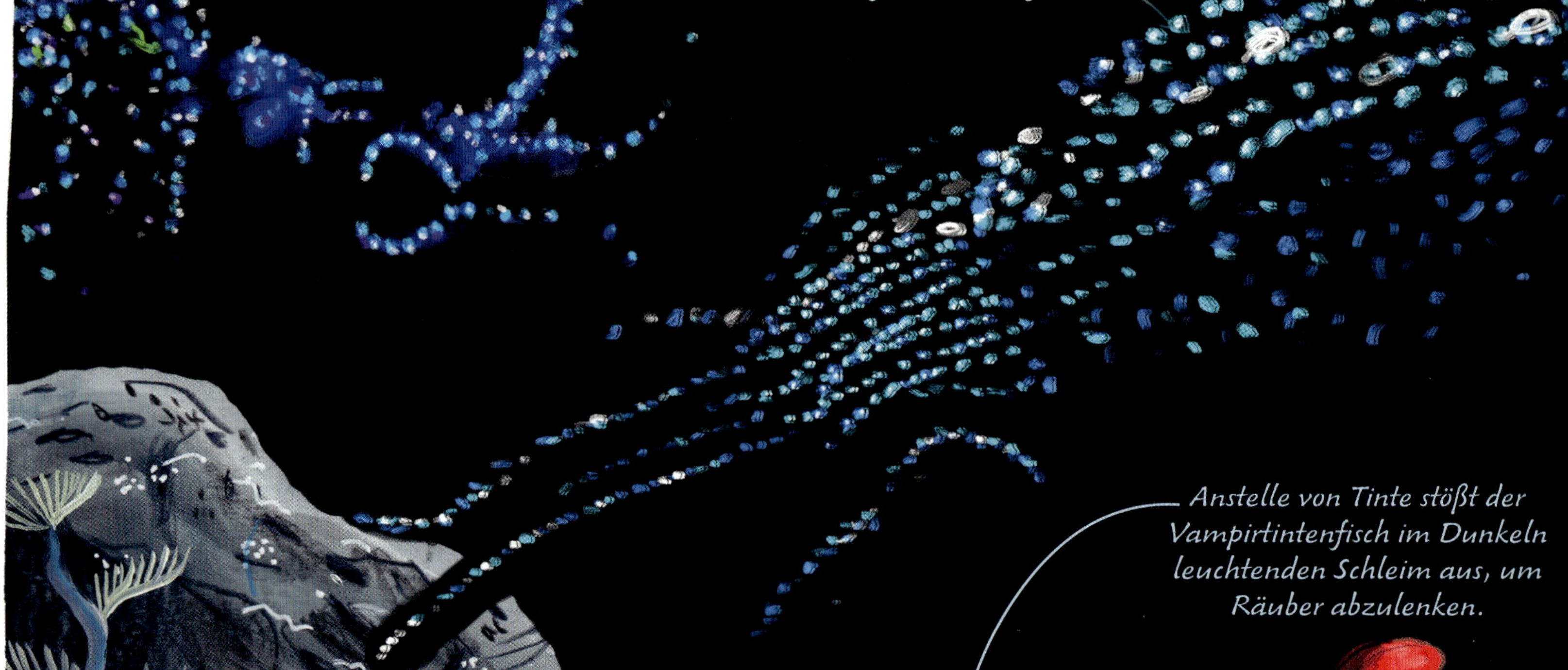

*Das Licht des Leuchtkalmars wird von Leuchtorganen erzeugt.*

*Anstelle von Tinte stößt der Vampirtintenfisch im Dunkeln leuchtenden Schleim aus, um Räuber abzulenken.*

## Weiche Körper

Viele Tiere der Tiefsee besitzen weiche, gallertartige Körper, um die Bedingungen in den größten Tiefen der Meere zu überleben. Daher brechen oder verformen sich ihre Körper nicht unter dem enormen Druck, den die Wasserschichten über ihnen ausüben.

## Gallertfische

### Unter Wasser

*Anders als die Fische der oberen Wasserschichten besitzen Tiefseefische meistens kein festes Skelett. Um dem enormen Wasserdruck, der von allen Seiten auf sie einwirkt, standhalten zu können, haben Fische wie dieser Blobfisch ein dichtes, gallertartiges Fleisch.*

### An Land

*Ein weicher Körper behält seine Form nicht gut, wenn er aus dem Wasser genommen wird. Viele Tiefseetiere verlieren an Land ihre Gestalt. Der Blobfisch ist nach seinem Aussehen nach dem Fang benannt worden.*

*Biolumineszenz ist das Ergebnis einer chemischen Reaktion.*

### Riesenwuchs

Niemand kennt den Grund, doch viele Tiere der Tiefsee sind im Vergleich mit verwandten Arten im Flachwasser gigantisch groß. Vielleicht hilft ihnen die Größe, warm zu bleiben, da der Wärmeverlust bei großen Tieren geringer ist.

*Die in der Tiefsee lebende Japanische Riesenkrabbe lässt ihre Verwandten im Flachwasser wie Zwerge aussehen. Sie wiegt bis zu 18 kg und die Spannweite ihrer Beine kann bis zu 4 m erreichen.*

## Anglerfisch mit Köder

Beim Angeln hält man einen Köder ins Wasser, um Fische anzulocken. Wie der Name verrät, sind auch Anglerfische gute Angler. Die Weibchen tragen eine mit einem leuchtenden Köder bestückte Angel auf dem Kopf. Wenn sie bewegt wird, sieht der Köder im Wasser wie ein kleiner Fisch aus.

*Die Angel besteht aus einem Flossenstrahl, an dem ein Klumpen leuchtendes Gewebe hängt.*

## BIOLUMINESZENZ ZUR VERTEIDIGUNG

### Überraschung

*Ein Lichtblitz kann den Angreifer verwirren, sodass das Tier entkommen kann.*

### Rauchbombe

*Einige Tiefseekalmare geben eine leuchtende Flüssigkeit ab, sodass sie in deren Schutz flüchten können.*

### Verwirrung

*Manche Tiere können Körperteile beleuchten und abwerfen, um Räuber zu verwirren.*

## Biolumineszenz

In den größten Tiefen der Meere ist es stockfinster. Daher reicht auch eine kleine Lichtquelle recht weit. Tiefseetiere nutzen ihre Biolumineszenz auf verschiedenste Weise: um Fressfeinde abzuschrecken, Beute anzulocken und sogar, um Partner zu finden.

## Sich das Essen angeln

Anglerfische bewegen Angel und Köder, bis die Aufmerksamkeit von Fischen der richtigen Größe geweckt ist. Wenn diese Fische sich dem Köder nähern, taucht der Anglerfisch aus der Dunkelheit auf und schnappt mit seinen zähnestarrenden Kiefern zu.

## BIOLUMINESZENZ ZUM ANGRIFF

### Schock

*Eine plötzliche Lichtexplosion kann die Beute blenden, sodass sie leichter zu überwältigen ist.*

### Köder

*Manche Räuber wie der Anglerfisch benutzen Licht als Köder, um Beute anzulocken.*

### Scheinwerfer

*Biolumineszenz kann Tieren, die nach Beute oder Partnern suchen, als Scheinwerfer dienen.*

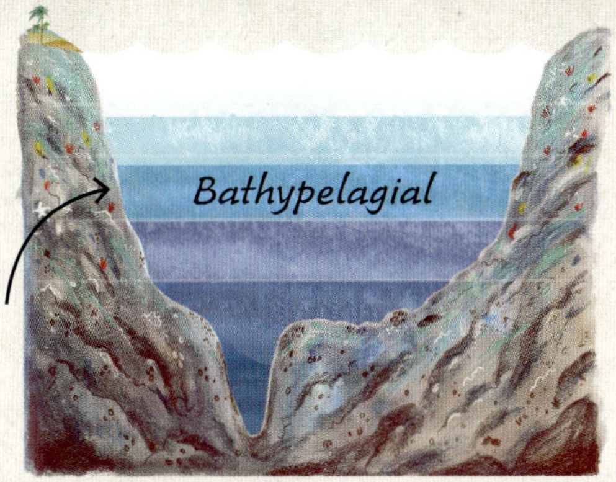


# TIEF TAUCHENDE SÄUGETIERE

Säugetiere haben warmes Blut und atmen Luft. Trotzdem können einige sehr tief tauchen. Auch manche Menschen trauen sich in die Tiefe – so können die Bajau, die in Indonesien, in Malaysia und auf den Philippinen leben, bei der Jagd nach Fischen 13 Minuten lang auf eine Tiefe von bis zu 61 m tauchen. Doch viele Meeressäugetiere tauchen noch sehr viel tiefer.

*Apnoe-Tauchende tauchen ohne Tauchgeräte in große Tiefen. Der Österreicher Herbert Nitsch erreichte im Jahr 2007 eine Tiefe von 214 m mit einem einzigen Atemzug.*

# IM RAUSCH DER TIEFE

Menschliche Tauchversuche wirken im Vergleich zu denen anderer Säugetiere nicht gerade beeindruckend. Wale, Robben, Delfine und andere Tiere können in enorme Tiefen tauchen. Hier finden sie Nahrung und können Fressfeinden entgehen. Obwohl diese Säugetiere nicht unter Wasser atmen können, haben sie Möglichkeiten gefunden, so lang wie möglich in der Tiefe zu bleiben.

*Der Cuvier-Schnabelwal kann mit 2992 m Tauchtiefe von allen Säugetieren am tiefsten tauchen.*

## Wie ein Pottwal unter Wasser überlebt

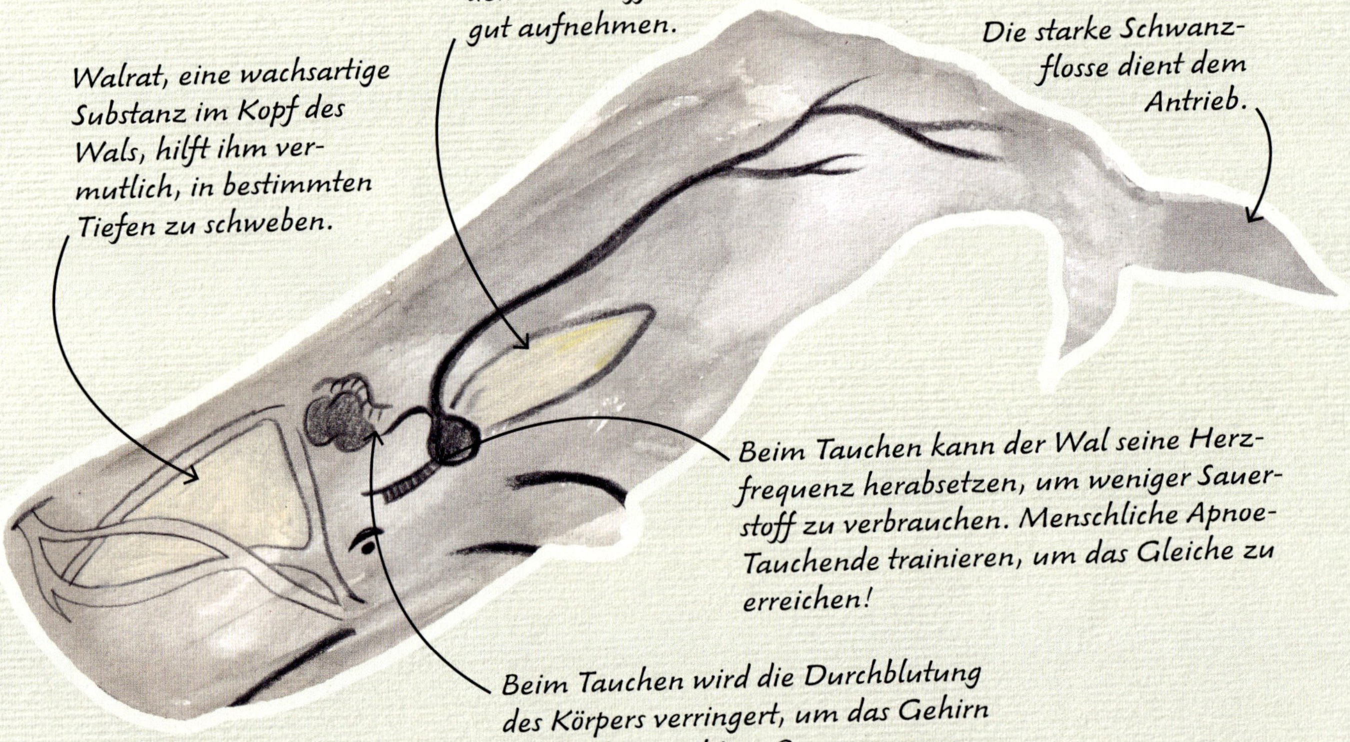


*Ein Pottwal kann seinen Atem etwa 60 Minuten lang anhalten.*

*Der Nördliche See-Elefant ist sehr gut an das Tauchen angepasst.*

## Den Druck aushalten

Bist du mal im Schwimmbad getaucht und dabei haben dir die Ohren wehgetan? Das liegt am Druckunterschied, der zwischen dem Wasser und dem luftgefüllten Mittelohr auftritt. Die meisten Meeressäugetiere haben keine luftgefüllten Bereiche in den Ohren oder sie verdrängen die Luft vor dem Tauchen durch eine Flüssigkeit.

## Sauerstoffspeicher

Meeressäugetiere können mehr Sauerstoff in ihrem Blut speichern als wir. Ihre roten Blutkörperchen können mehr Sauerstoff aufnehmen und außerdem haben sie mehr davon. Die Tiere nutzen sie als Sauerstoffspeicher, damit ihre Körper unter Wasser funktionieren, obwohl sie nicht atmen.

*In der Tiefe ist das Wasser sehr kalt. Meeressäugetiere wie die Weddellrobben besitzen eine dicke Fettschicht unter der Haut, die sie warm hält.*

## Den Atem anhalten

Gewöhnlich atmen Menschen vor dem Abtauchen ein, doch Meeressäugetiere machen genau das Gegenteil: Sie atmen tief aus und leeren ihre Lungen. Das verhindert, dass die Lungen von dem hohen Druck in der Tiefe beschädigt werden.

*Küstenseeschwalben fliegen über die Meere vom arktischen in den antarktischen Sommer. So finden sie das ganze Jahr über genügend Fische.*

# WELTREISENDE

Die unglaublichen Reisen der Meerestiere stellen die Wanderungen der Landtiere bei Weitem in den Schatten. An Land werden die längsten Wanderungen von den Rentieren unternommen, die von ihren Sommergebieten bis zu den Wintergebieten 1200 km zurücklegen. Auch wenn die Reise der Rentiere lang und anstrengend ist, so bewältigen Tiere wie die Unechte Karettschildkröte, der Grauwal und die Küstenseeschwalbe zehnmal so lange Strecken, ohne überfordert zu sein.

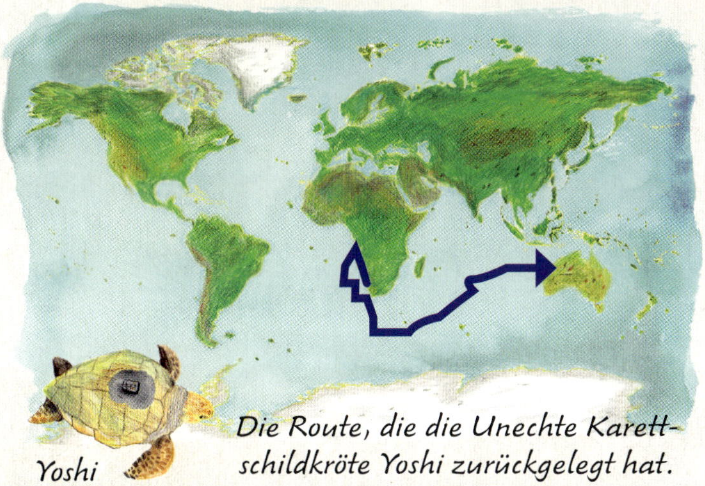

*Yoshi*

*Die Route, die die Unechte Karettschildkröte Yoshi zurückgelegt hat.*

*Meeresschildkröten legen zwischen ihren Nahrungsgebieten und den Stränden zur Eiablage enorme Strecken zurück. Die Unechte Karettschildkröte Yoshi schwamm in 1003 Tagen 40 000 km weit.*

*Da sie immer der Sommersonne folgen, erhalten die Küstenseeschwalben mehr Tageslicht als jedes andere Wildtier auf der Welt.*

# FURCHTLOSE REISENDE

Die Küstenseeschwalbe unternimmt die längste Wanderung von allen Tieren der Welt. In jedem Jahr legt sie rund 36 000 km von der Arktis bis zur Antarktis zurück und noch einmal die gleiche Entfernung auf der Rückreise. Die gesamte Strecke entspricht fast einer doppelten Umrundung der Erde.

## Fliegen, um zu Überleben

Küstenseeschwalben unternehmen ihre Reise zur Nahrungssuche. Wenn die Dunkelheit und die Kälte des arktischen Winters nahen, wird die Nahrung knapp. Daher reisen die Vögel nach Süden, um in der Antarktis im Sommer anzukommen.

## Menschliche Reisende

Im Jahr 2010 beendete ein Amerikaner namens Reid Stowe nach 1152 Tagen die längste ununterbrochene Seereise, die je ein Mensch unternommen hat. Während dieser Zeit lebte Stowe von Trockenfrüchten, Nüssen und einem kleinen Garten mit Bohnensprossen an Bord.

## Grauwale

Auf der Suche nach Nahrung und sicheren Plätzen für die Aufzucht der Jungen durchstreifen viele Wale die Ozeane. Doch keiner schwimmt weiter als der Grauwal, der bis zu 16 000 km pro Jahr zurücklegt.

*Auf ihrer Wanderung müssen die Grauwale einem Minenfeld aus Booten, Schwertwalen, Netzen und Leinen entgehen.*

# SCHIFFSWRACKS

Wenn ein Schiff sinkt, wird jedes Teil von ihm, vom Hauptdeck bis zum Steuer, ein neuer Lebensraum. Seeanemonen, Korallen und Algen lassen sich auf den Oberflächen nieder, wo sie einer Vielfalt anderer Arten als Nahrung oder Unterschlupf dienen. Geschätzte drei Millionen Schiffswracks liegen auf dem Grund der Weltmeere, doch weniger als ein Prozent von ihnen sind bisher erforscht worden.

*Vor der Küste von Massachusetts (USA) liegt die Whydah, eins der wenigen Wracks, die erwiesenermaßen Piratenschiffe waren.*

### Künstliche Riffe

Obwohl nicht jedes gesunkene Schiff dem Ökosystem vor Ort nützt, hat man begonnen, Schiffe absichtlich zu versenken, um künstliche Riffe zu erschaffen. Da die Wracks neue Lebensräume für Fische und andere Meerestiere darstellen, können sie die Vielfalt der Arten fördern.

*Ohrenquallen*

*Rippenquallen*

## WRACKBEWOHNER

Ein gesunkenes Schiff ist beliebter Lebensraum zahlreicher Meereslebewesen. Algen und Korallen wachsen auf seiner Hülle, während sich im Inneren Krebstiere und Fische vor ihren Fressfeinden verbergen. In einem Wrack können über 100 Arten leben.

*Seeigel*

*Seestern*

## Rostzapfen an der *Titanic*

Die orangefarbenen, an Eiszapfen erinnernden Gebilde an der *Titanic* sind keine Korallen oder Schwämme. Sie bestehen aus Rost, der durch Eisenbakterien entsteht.

*Die Rostgebilde sind hohl und sehr zerbrechlich. Sie zerfallen bei der leichtesten Berührung.*

Menschen haben alle Tiefenzonen der Meere besucht.

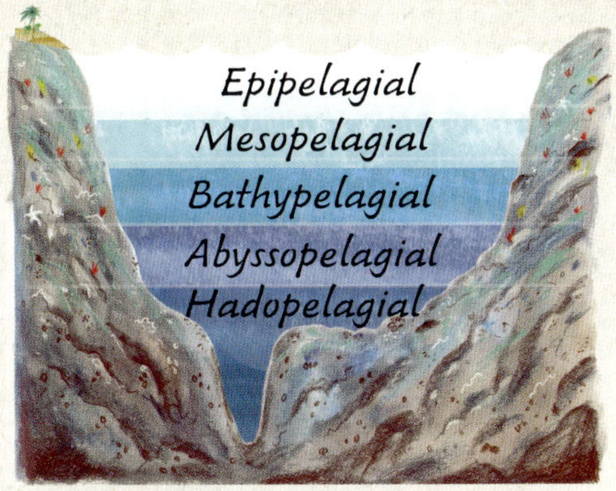


# MEERES-FORSCHUNG

Jahrtausendelang hat ihre unstillbare Lust auf Entdeckungen die Menschen zur Erforschung der Ozeane getrieben – vom Schwimmen im Flachwasser bis zum Segeln über die Meere. Heute senden wir Tauchroboter in die Tiefen und beobachten ganze Ozeane vom Weltraum aus.

*Die Entwicklung der Unterwasserkameras erlaubt es Forschenden und Meeresliebhabern, einen neuen Blick in die Tiefen zu werfen.*

# REISEN ÜBER DAS WASSER

Menschen erforschen die Meere schon seit Tausenden von Jahren. Anfangs haben sie ihr Leben in kleinen Segelschiffen riskiert und die Tiefen mit einfachen Tauchausrüstungen besucht. Langsam verbesserten sich die Techniken, doch immer noch sind über 80 Prozent der Meere weder erforscht noch kartiert worden.

*Im Jahr 1519 startete der portugiesische Seefahrer Ferdinand Magellan in Spanien, um als Erster die Welt zu umrunden. Er wurde dabei getötet, doch einige Mitglieder seiner Mannschaft vollendeten die Reise.*

## 1 bis 1600

*Als es möglich wurde, die Ozeane zu bereisen, konnten die Menschen fortan Orte besuchen, von deren Existenz sie bisher noch nichts wussten. Sie erfanden die Tauchglocke, das erste Unterwassergefährt.*

## 5000 bis 1 v. Chr.

*Berichte über die Erforschung der Meere reichen zurück bis ins Jahr 5000 v. Chr., als die damals im Mittelmeerraum lebenden Phönizier Forschungsschiffe bauten. Von nun an segelten viele Völker über die Meere und zeichneten ihre Reisen auf.*

## 1601 bis 1800

*Die Entwicklung von Tauchhelmen und ersten U-Booten verbesserte die Möglichkeiten der Erforschung der Meere. Die ersten Tauchanzüge waren schwer und die Benutzung gefährlich.*

*Ägyptisches Schiff*

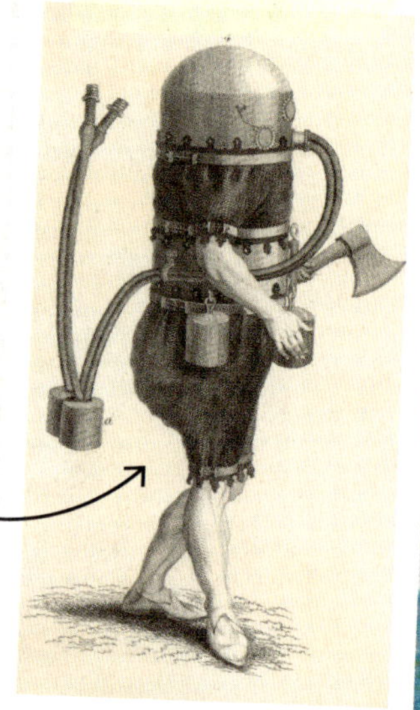

*Früher Tauchanzug*

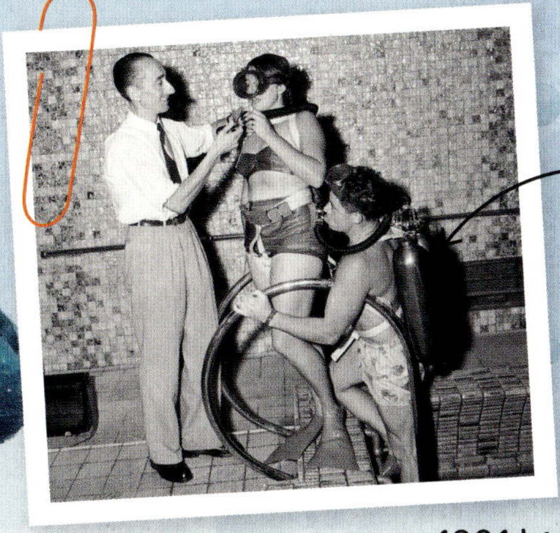

Druckluft-Tauchgerät

## 1971 bis zur Gegenwart

*Die Entwicklung neuer Technologien hat zu zahllosen Entdeckungen geführt, sowohl die Meere als auch das Leben in ihnen betreffend. Zu ihnen gehören die hydrothermalen Quellen, das Wrack der Titanic und der Einfluss des Klimawandels auf die Meere.*

Taucher beim Erkunden eines Wracks

## 1901 bis 1950

*Forschende begannen, U-Boote zur Kartierung und Erkundung der Tiefsee zu benutzen. Die ersten Druckluft-Tauchgeräte wurden erfunden. Bekannt wurde diese Technik unter anderem durch die Filme von Jaques Cousteau.*

Die Trieste im Jahr 1957

## 1801 bis 1900

*Viele Meeresexpeditionen fanden statt – auch Charles Darwins Expedition, die zur Entwicklung der Evolutionstheorie geführt hat. Zu dieser Zeit wurden auch die ersten Lebewesen der Tiefsee entdeckt.*

## 1951 bis 1970

*Jacques Piccard und Don Walsh waren die ersten Menschen, die den tiefsten Punkt der Weltmeere, das Challengertief, mit dem Tauchboot Trieste erreichten. Sylvia Earle führte das erste rein weibliche Team der Tektite II, eines Unterwasserlabors in der Karibik.*

Früher Tauchhelm

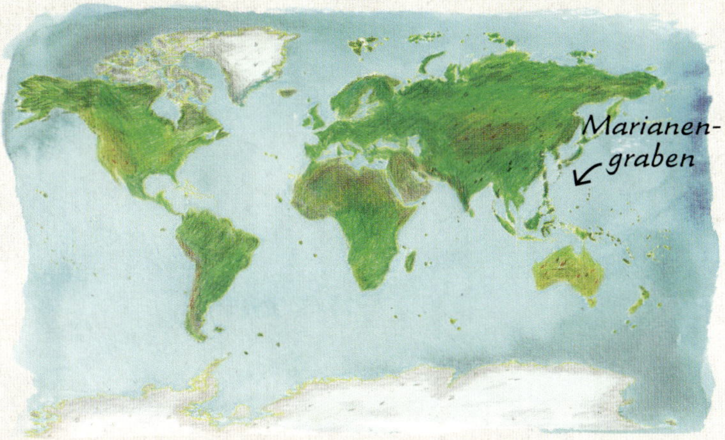


# MARIANEN-GRABEN

Tief im Pazifischen Ozean liegt ein gewaltiger Riss in der Erdkruste, der Marianengraben. Er erstreckt sich über 2550 km und ist damit mehr als fünfmal so lang wie der Grand Canyon. Sein tiefster Punkt, das Challengertief, liegt knapp 11 000 m unter dem Meeresspiegel – tiefer, als der Mount Everest hoch ist. Hier leben ungewöhnliche Tiere, etwa die Kraken aus der Familie der Scheibenschirme.

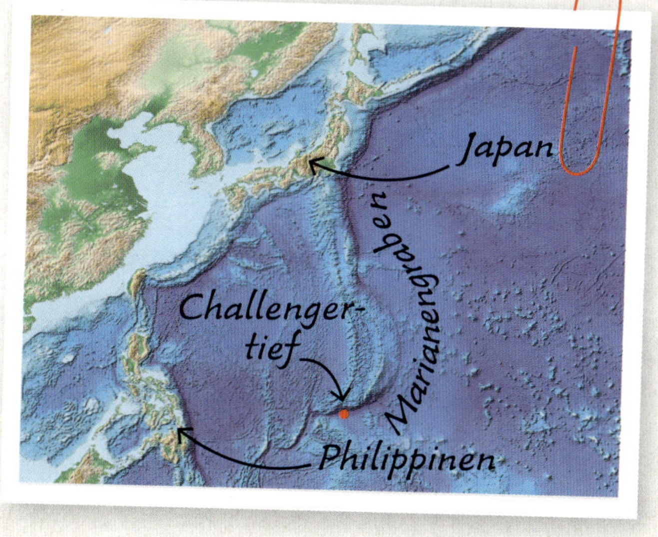


*Der Marianengraben befindet sich im Osten der Philippinen.*

Reisehöhe Linienflug: 10 500 m

# TIEFSEEFORSCHUNG

Der höchste Gipfel der Erde ist der Mount Everest, der von Hunderten von Menschen pro Jahr bestiegen wird. Doch nur wenige haben den tiefsten Punkt der Erde besucht: das Challengertief im Marianengraben. In solchen Tiefen ist der Wasserdruck 1000-mal so groß wie an der Oberfläche. Die Reise ist also sowohl schwierig als auch sehr gefährlich.

Pottwale können eine Tiefe von 1000 m erreichen.

Die Höhe des Mount Everest beträgt 8849 m.

## Leben im Graben

Trotz des extremen Drucks, ständiger Dunkelheit und eisiger Kälte, wie sie an den tiefsten Stellen des Marianengrabens herrschen, gedeihen hier einige Lebensformen. Forschende haben eine Vielfalt von Organismen entdeckt, darunter Krebstiere, Seegurken, Kraken und Fische.

Tiefsee-Flohkrebs

Anglerfisch

Tiefsee-Bartwurm

Der Graben ist die Heimat ungewöhnlicher Lebewesen.

## Reise in die Tiefe

Im Jahr 1960 erreichten der Schweizer Jacques Piccard und der Amerikaner Don Walsh als erste Menschen das Challengertief. Die Reise im Tauchboot *Trieste* dauerte fünf Stunden. Obwohl sie Lebewesen vorfanden, war das Wasser zu trüb, um Fotos zu machen.

*Burj Khalifa ist mit 828 m das höchste Gebäude der Welt.*

## Tiefseefisch

*Im Jahr 2014 wurde eine Unterart der Scheibenbäuche mit dem Namen Pseudoliparis swirei in einer Tiefe von 8370 m gefunden. Er ist der am tiefsten lebende Fisch, der je entdeckt wurde.*

## Eine zweite Expedition

*Im Jahr 2012 tauchte die Deepsea Challenger als zweites bemanntes Tauchboot zum Challengertief. Seitdem hat es mehrere Tauchgänge mit dem Tauchboot Limiting Factor gegeben.*

*Deepsea Challenger*

*Challengertief*

*Die Tiefe des Marianengrabens beträgt knapp 11 000 m.*

# VULKANE IM MEER

Die meisten Vulkane der Welt befinden sich nicht an Land, sondern auf dem Meeresboden. Magma (geschmolzenes Gestein) kann ins Wasser gelangen und beim Abkühlen erstarren oder sich explosionsartig verteilen. So können Unterwasser-Lebensräume entstehen, die für widerstandsfähige Meerestiere sehr interessant sind.

## Ein Vulkan entsteht

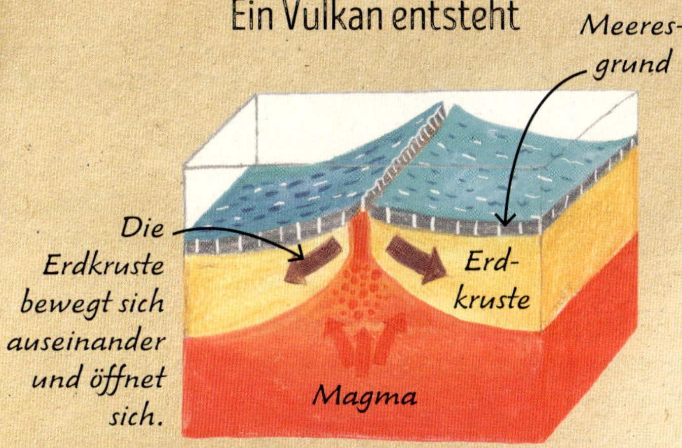


*Magma tritt durch eine Öffnung in der Erdkruste aus und gelangt ins Wasser. Abkühlendes Magma erstarrt und bildet einen Vulkan auf dem Meeresgrund.*

# KOCHENDES WASSER

Dunkle, heiße, giftige Türme: Hydrothermale Schlote sind neben Vulkanen ein weiterer Unterwasser-Hotspot. Sie mögen leblos erscheinen, doch als sie im Jahr 1977 entdeckt worden sind, stellte man fest, dass sie von Leben wimmeln.

## Was ist ein hydrothermaler Schlot?

Manchmal sickert Meerwasser in die Erdkruste ein und tritt kochend heiß und voller gelöster Mineralien wieder aus. Die Mineralien kühlen beim Austritt ab, verfestigen sich und bilden die eigentlichen Schlote.

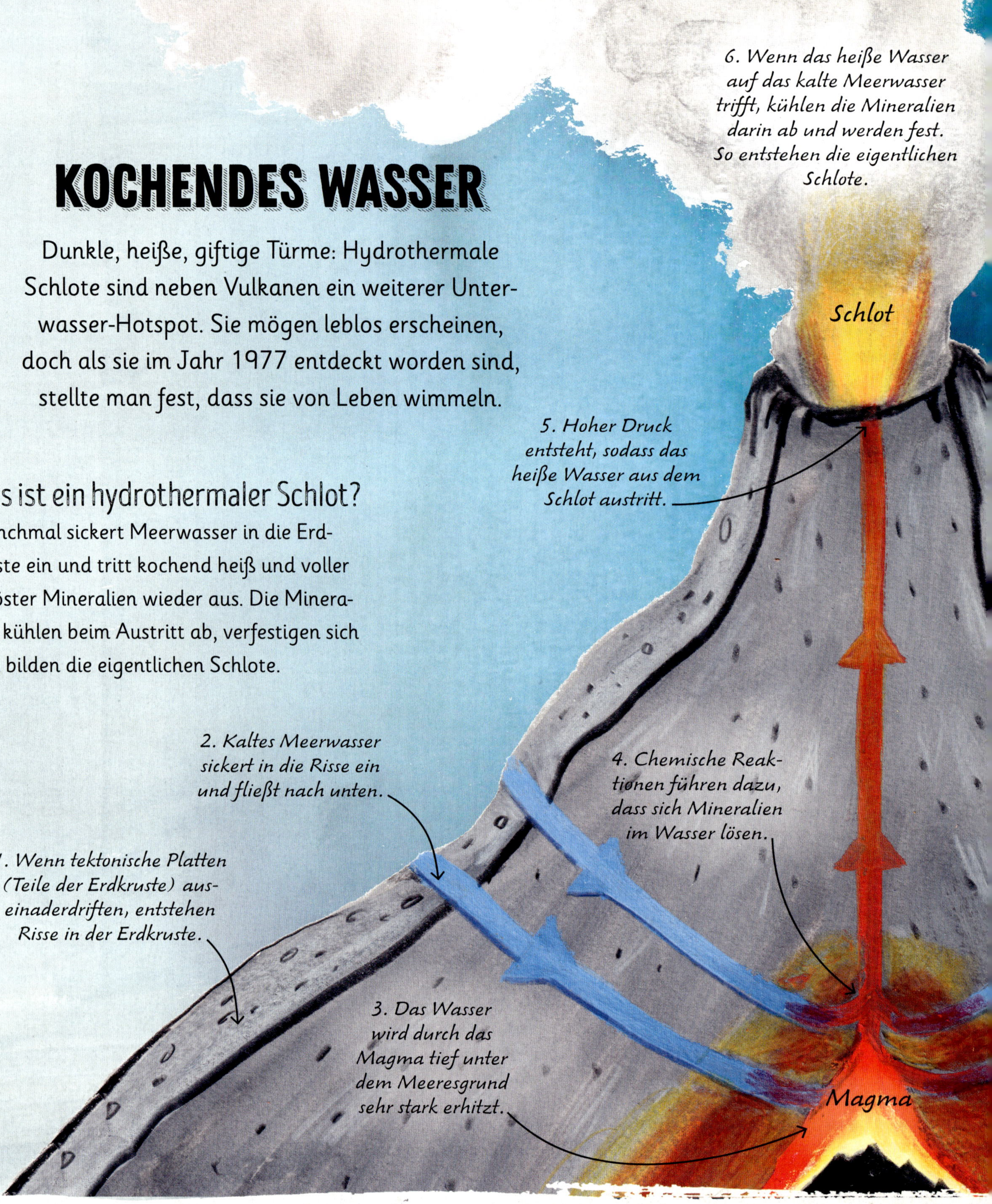

## Das Leben im Bereich der Schlote

Hydrothermale Schlote sind die Heimat einer Vielzahl einzigartiger Lebewesen, von 3 m langen Würmern bis zur Schuppenfuß-Schnecke, die ihr Gehäuse mit einer Eisenverbindung verstärken kann.

*Als Setae bezeichnete haarartige Strukturen bedecken den Körper der Yeti-Krabbe. Die Setae sind der Lebensraum von Bakterien, die giftige Mineralien aus dem Wasser in der Nähe entfernen.*

*Der Riesen-Bartwurm nutzt Bakterien in seinem Darm, die ihm chemische Energie liefern. Dafür bietet er den Bakterien einen geschützten Lebensraum.*

*Das Gehäuse und die Schuppen auf dem Fuß der Schuppenfuß-Schnecke enthalten Eisensulfid, eine Eisenverbindung, die aus dem Wasser in der Umgebung stammt.*

# WASSERHOSEN

Manchmal entstehen über den Meeren säulenartige Luftwirbel, die sich um sich selbst drehen. Man nennt sie Wasserhosen. Sie sehen fast wie Tornados aus, sind aber meist kleiner und schwächer als Tornados und nicht so gefährlich. Trotzdem können Wasserhosen Boote zum Kentern bringen und Schiffe beschädigen.

*Die unruhige Luft und die starken Winde, die bei Gewittern auftreten, können die Voraussetzungen für eine Wasserhose sein.*

# WAS IST EINE WASSERHOSE?

Trotz ihres Namens besteht die Wasserhose nicht aus Wasser. Sie ist eine sich drehende Säule aus Luft und Wasserdampf, die vom Himmel bis zum Meer reicht. Diese Gebilde bleiben meist etwa fünf Minuten lang bestehen, und die Windgeschwindigkeit in ihnen kann über 100 km/h erreichen.

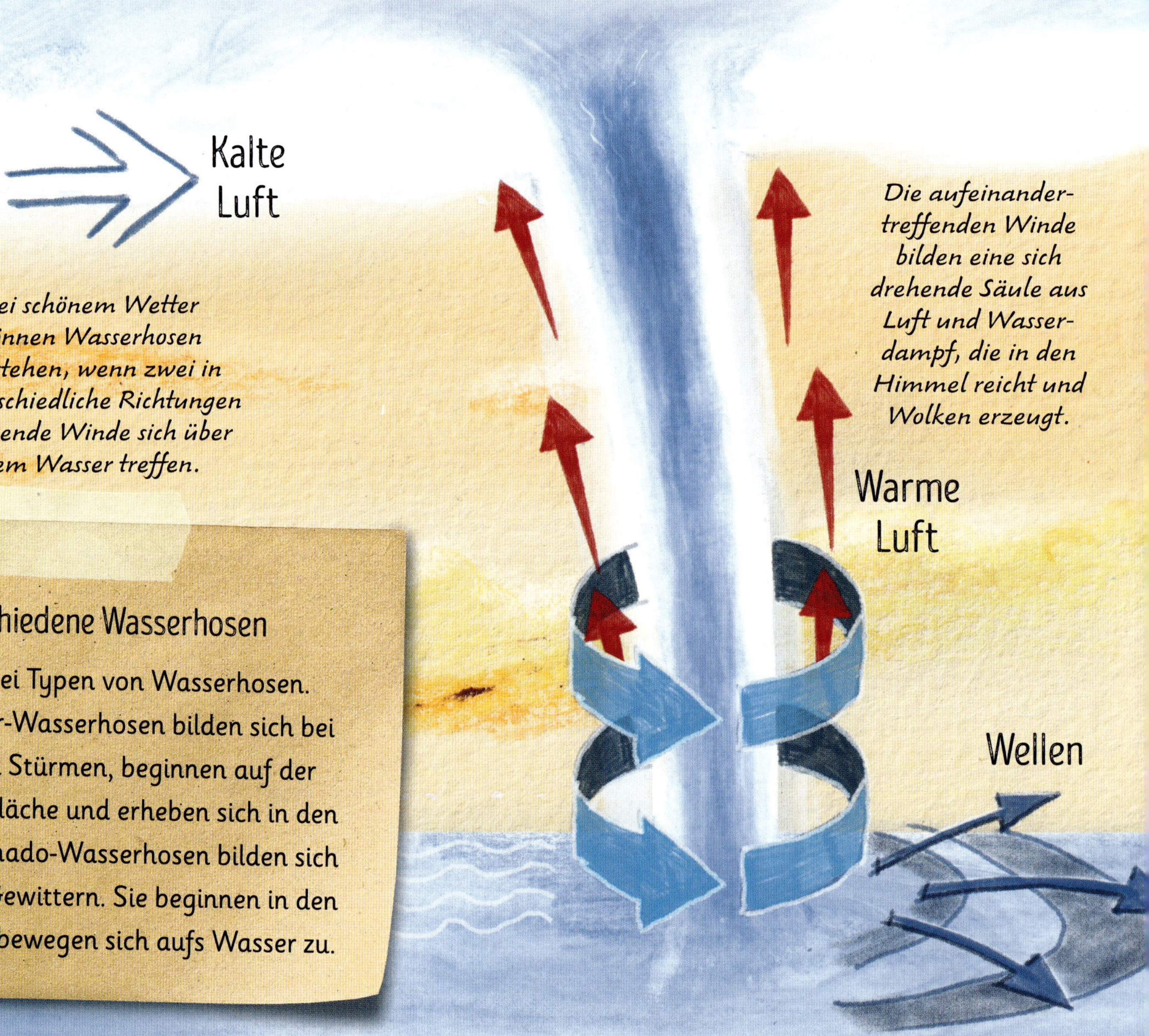


*Bei schönem Wetter können Wasserhosen entstehen, wenn zwei in unterschiedliche Richtungen wehende Winde sich über dem Wasser treffen.*

*Die aufeinandertreffenden Winde bilden eine sich drehende Säule aus Luft und Wasserdampf, die in den Himmel reicht und Wolken erzeugt.*

## Verschiedene Wasserhosen

Es gibt zwei Typen von Wasserhosen. Schönwetter-Wasserhosen bilden sich bei schwachen Stürmen, beginnen auf der Wasseroberfläche und erheben sich in den Himmel. Tornado-Wasserhosen bilden sich bei starken Gewittern. Sie beginnen in den Wolken und bewegen sich aufs Wasser zu.

*Der Wind ist in Hurrikans über 119 km/h schnell. Hurrikans messen im Durchschnitt 480 km im Durchmesser, können aber auch dreimal größer werden.*

## Wildes Wetter

Wasserhosen sind nicht die einzigen Wetterereignisse, vor denen man sich auf See hüten muss. Die gefährlichsten sind die Hurrikans, die allerdings unter verschiedenen Namen bekannt sind: Im Pazifischen und Indischen Ozean werden sie als Zyklone bezeichnet, während sie im Nordwesten des Pazifiks Taifune heißen.

*Starke Hurrikans können zu extrem gefährlichen Fluten führen. Sie können auch Starkregen hervorrufen, der die Küstenregionen verwüsten kann.*

*Berichte über das Regnen von Tieren gab es schon im ersten Jahrhundert, als der Römer Plinius der Ältere schrieb, es habe Frösche und Fische geregnet.*

## Es regnet Tiere

Obwohl es selten geschieht, sind schon Tiere von Wasserhosen in die Höhe gerissen worden und an Land wieder heruntergefallen. Es gibt Berichte, dass Fische und Frösche so weit hochgerissen wurden, dass sie die Wolken erreicht haben.

*Anders als Schönwetter-Wasserhosen entstehen Tornado-Wasserhosen an der Basis der Wolken und reichen bis auf die Wasseroberfläche hinunter.*

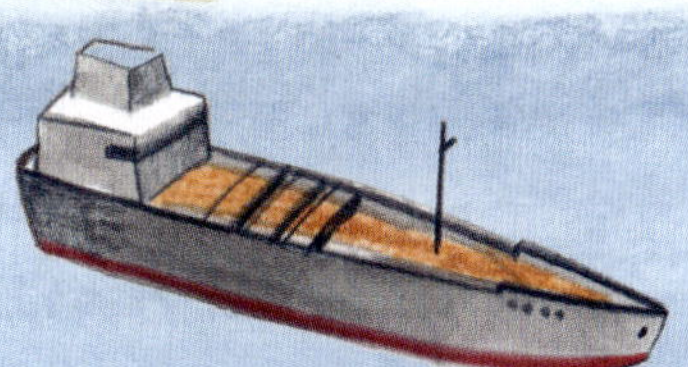

*Der Wind und die Wellen, die durch Wasserhosen verursacht werden, können Schiffe und Flugzeuge gefährden.*

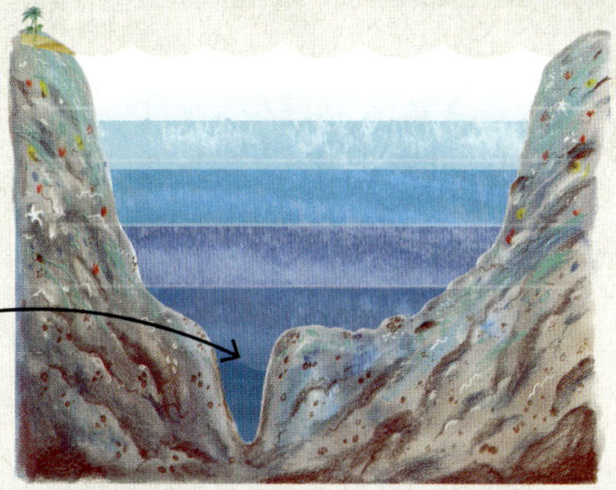

*Solebecken gibt es in der Tiefsee.*

# UNTERWASSER-SOLEBECKEN

Auch wenn es sich seltsam anhört – in den Meeren gibt es Seen. Doch diese Seen, die auch Solebecken genannt werden, sind viel unheimlicher als die an Land. Sie enthalten Wasser, das bis zu zehnmal salziger ist als das sie umgebende Meerwasser – so salzig, dass die meisten Meerestiere sterben, wenn sie hineingeraten. Die kleinsten Becken sind nicht größer als eine Pfütze, doch das größte hat eine Fläche von 120 Quadratkilometern.

*Solebecken gibt es in der Tiefsee und unter dem polaren Meereis. Sie können nur mit Tauchbooten erforscht werden.*

# LEBEN IM SOLEBECKEN

Solebecken sind so giftig, dass nur eine Handvoll mikroskopisch kleiner Lebewesen sich an das Leben in ihnen angepasst hat. Doch ihre Ränder sind einzigartige Ökosysteme mit einer Vielfalt von Lebewesen. Hier gibt es Schleimaale, Bartwürmer, Muscheln und Krebse.

*Tiere, die wie diese Krabbe in einem Solebecken gestorben sind, werden vom Salz haltbar gemacht und verwesen jahrelang nicht, da es keinen Sauerstoff gibt.*

*Die Bartwürmer an den Rändern des Solebeckens besitzen keinen Mund, keinen Darm und keinen After. Sie nutzen spezielle Bakterien in ihren Körpern, die chemische Stoffe aus dem Wasser in Nahrung verwandeln.*

## Raue Bedingungen

Solebecken sind nicht nur wegen ihres hohen Salzgehalts gefährlich, sondern auch wegen giftiger chemischer Stoffe, wie etwa Schwefelwasserstoff, und wegen des Sauerstoffmangels. Fische, die versehentlich hineingeraten, überleben nur selten.

*Schleimaal*

## Wie Unterwasser-Solebecken entstehen

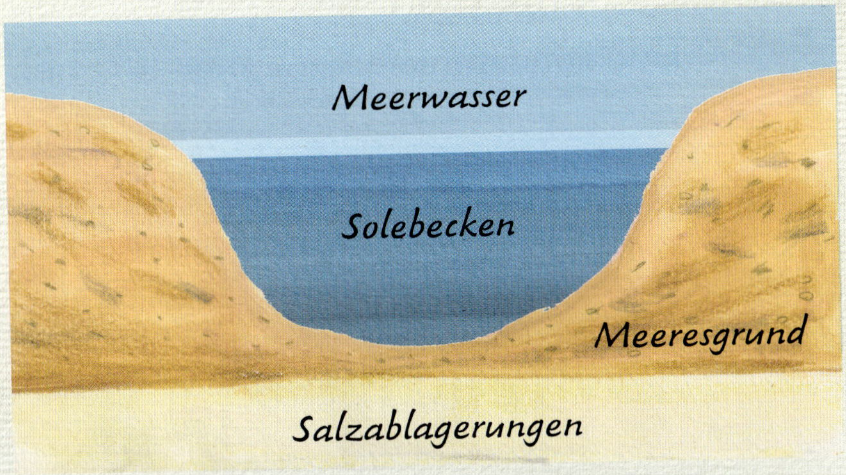


*Wenn Salzablagerungen auf dem Meeresgrund in Kontakt mit dem Meerwasser kommen, löst sich ein Teil des Salzes und erhöht den Salzgehalt des Wassers. Dieses Wasser ist nun schwerer als das normale Meerwasser, sodass es auf dem Meeresgrund bleibt und dort Pfützen, Tümpel oder Seen bildet.*

*Um Unterwasser-Solebecken erkunden zu können, nutzen Forschende Tauchboote wie dieses, das Little Hercules heißt. So können sie aussagekräftige Videos von ihren Funden aufnehmen.*

## Erforschung von Solebecken

Forschende haben bisher nur einige Dutzend Unterwasser-Solebecken entdeckt. Die Becken befinden sich an drei verschiedenen Orten: dem Golf von Mexiko, dem Mittelmeer und dem Roten Meer. Nur sehr wenige Menschen haben diese Unterwasserwelten bisher besuchen können.

Krabbe

Muschel

# BEGRIFFE

### Anpassung
Die Art und Weise, in der sich Lebewesen von Generation zu Generation verändern, um ihren Lebensraum immer besser nutzen und zum Beispiel auf Fressfeinde besser reagieren zu können.

### Art
Eine Gruppe von Lebewesen, die in ihrem Aussehen und ihren Eigenschaften weitgehend übereinstimmen und sich fruchtbar fortpflanzen können.

### Außenskelett
Die harte Außenhülle bei Wirbellosen wie Insekten oder Krebstieren, die über kein inneres Skelett verfügen.

### Barteln
Fortsätze am Maul eines Fisches, die dem Tastsinn oder dem Geschmackssinn dienen.

### Befruchtung
Vorgang, bei dem sich eine weibliche und eine männliche Geschlechtszelle vereinigen, um einen neuen Organismus zu erschaffen.

### Bestäuber
Ein Tier, das Pflanzen dabei hilft, den Pollen von einer auf eine andere Blüte zu übertragen.

### Bestäubung
Das Übertragen von Pollen von einer Pflanze auf die andere. So ist die Befruchtung und die Bildung von Samen möglich.

### Beute
Ein Tier, das einem Fressfeind oder Räuber als Nahrung dient und von ihm gejagt wird.

### Biolumineszenz
Chemische Reaktion im Gewebe eines Organismus, mit der Licht erzeugt werden kann.

### Blaue Flotte
Tiere, die an der Wasseroberfläche treiben, von Strömungen und vom Wind verdriftet werden und auf der Oberseite blau gefärbt sind, um gut getarnt zu sein.

### Brackwasser
Ein Gemisch aus Salz- und Süßwasser mit einem sehr geringen Salzgehalt, das häufig in Küstennähe auftritt.

### Coriolis-Kraft
Die Art und Weise, wie die Rotation der Erde die Richtung von Wind und Meeresströmungen beeinflusst.

### Echoortung
Ein System, mit dem manche Tiere Nahrung finden und sich orientieren. Sie geben Töne von sich, die von einem Gegenstand zurückgeworfen werden, und sie nehmen wahr, wie lange das Echo braucht, um zurückzukehren.

### Erneuerbare Energie
Form der Energie, die ohne die Nutzung fossiler Brennstoffe erzeugt werden kann, wie zum Beispiel die Solarenergie.

### Evolution
Der Prozess, bei dem sich eine Art von Generation zu Generation verändert.

### Fossil
Überreste von Pflanzen oder Tieren, die wie die Dinosaurier vor langer Zeit ausgestorben sind und die in der Erde oder im Gestein erhalten geblieben sind.

### Fotosynthese
Der Prozess, bei dem eine Pflanze mithilfe der Sonnenenergie aus Kohlendioxid und Wasser ihre eigene Nahrung herstellt.

### Gen
Ein Abschnitt der DNA, der eine bestimmte Bauanweisung für ein Eiweiß trägt und damit einen Einfluss auf Eigenschaften eines Lebewesens hat.

### Generator
Eine Maschine, die eine Form der Energie in eine andere umwandelt, zum Beispiel Bewegungsenergie in elektrische Energie.

### Geschlechtsorgane
Teile eines Lebewesens, die für die Produktion von Nachwuchs nötig sind.

### Gewebe
Bestandteil eines Körpers, das sich wiederum aus vielen Zellen zusammensetzt.

### Gezeitenzone
Bereich der Küste, der bei Flut vom Wasser bedeckt ist und bei Ebbe trocken wird.

### Giftig
Ein giftiger Organismus kann schädliche Stoffe abgeben, mit denen er anderen Organismen schadet.

### Harpune
Mit Widerhaken versehene, speerartige Waffe, an der ein langes Seil befestigt ist und die auf das Opfer geworfen oder abgefeuert wird.

### Hydriert
Ein gut hydrierter Körper ist mit genug Flüssigkeit versorgt worden.

### Klon
Eine exakte, genetisch identische Kopie eines Organismus.

### Kolonie
Eine Gruppe von Tieren der gleichen Art, die zusammenleben.

### Komplexauge
Ein bei Insekten und Krebstieren verbreiteter Augentyp, der ein weites Gesichtsfeld hat und gut Bewegungen erkennen kann.

### Krebstier
Ein wirbelloses Tier mit gegliederten Beinen, Antennen und oft einem harten Panzer (Außenskelett).

### Larve
Jungtier bestimmter Tierarten, das sich stark von der erwachsenen Form unterscheiden kann.

### Lauerjäger
Ein Lebewesen, das an einer Stelle verharrt und auf ein Beutetier wartet.

### Magma
Heißes, halb flüssiges Gestein, das sich unter der Erdoberfläche befindet und durch einen Vulkan herausgeschleudert werden kann.

### Nährstoff
Eine Substanz, die einem Lebewesen die Energie liefert, die es zum Überleben benötigt.

### Ökosystem
Eine Gemeinschaft von lebenden Organismen und ihrer Umgebung, zu der auch das Wasser und die Luft gehören.

### Parasit
Ein Tier, das in oder auf einem anderen Tier lebt, sich von seinem Gewebe ernährt oder mit ihm um Nahrung konkurriert und ihm auf diese Weise schadet.

### Proboscis
Langes, röhrenförmiges Mundwerkzeug (Rüssel), mit dem manche Tiere Flüssigkeiten aufsaugen.

### Radiokarbon-Methode
Eine Methode, das Alter von Fossilien zu bestimmen. Sie beruht auf dem radioaktiven Zerfall bestimmter Kohlenstoffatome.

### Räuber
Ein Tier, das andere Tiere jagt, um sich von ihnen zu ernähren (auch Fressfeind genannt).

### Schleim
Dickflüssige, oft klare Substanz, die in verschiedenen Teilen des Körpers hergestellt wird.

### Seamount
Ein Berg auf dem Meeresgrund, der nicht über den Wasserspiegel hinausragt.

### Stromlinienförmig
Eine entsprechende Form ermöglicht die schnelle Fortbewegung in der Luft oder im Wasser, da sie nur einen geringen Widerstand bietet.

### Strömung
Die Bewegung des Wassers in einem Gewässer.

### Tauchboot
Ein Boot, das sich unter Wasser fortbewegen und oft große Tiefen erreichen kann.

### Taucher*in
Ein Mensch, der mit technischen Hilfsmitteln eine längere Zeit unter Wasser verbringen kann.

### Tektonische Platte
Riesiger, sich langsam bewegender Bestandteil der Erdkruste.

### Torpedo
Eine von einem U-Boot abgefeuerte Waffe in Form eines langen Zylinders, der schnell durch das Wasser gleiten kann.

### Toxin
Ein Gift, das von einem Lebewesen erzeugt wird.

### Tropen
Gebiete in der Nähe des Äquators, die wärmer als der Rest der Erdoberfläche sind.

### Vorfahre
Meist ausgestorbene Tier- oder Pflanzenart, von der eine heute lebende Art abstammt.

### Wanderungen
Manche Tiere unternehmen weite Wanderungen, um neue Nahrungsquellen zu nutzen oder um ihre Jungen in bestimmten Gebieten zur Welt zu bringen.

### Wasserwiderstand
Kraft, die Gegenstände oder Lebewesen abbremst, wenn sie sich durch das Wasser bewegen.

### Wirbellose
Wirbellose sind Tiere ohne Wirbelsäule, zum Beispiel Insekten, Krebstiere oder Würmer.

### Wirbeltier
Ein Tier, das eine Wirbelsäule besitzt, wie zum Beispiel ein Säugetier oder ein Vogel.

### Zooplankton
Plankton, das vor allem aus kleinen Tieren oder den Eiern und Larven größerer Tiere besteht.

# REGISTER

## A



## B



## C



## D



## E



## F



## G

# DANK UND BILDNACHWEIS

**Der DK Verlag dankt:** Helen Peters für das Register, Anna Bonnerjea für die Unterstützung des Lektorats, Rachael Parfitt für zusätzliche Herstellungsarbeiten, Dheeraj Arora für den Entwurf des Umschlags und Pankaj Sharma für die Unterstützung der Herstellung.

Der Verlag dankt den Folgenden für die freundliche Genehmigung zum Abdruck von Fotos:

(Abkürzungen: o = oben; u = unten; m = Mitte; g = ganz; l = links; r = rechts)

**1-169 Dreamstime.com:** Daboost (Hintergrund). **2-3 Dreamstime.com:** Seadam. **4 Dreamstime.com**: Bluehand (mu). 8 **Alamy Stock Photo:** Wend Images (mlo). **Science Photo Library:** NOAA (mo). **10-11 Alamy Stock Photo:** Tsado. 12 **123RF.com:** picsfive (mro/ul). **Dreamstime.com**: Robyn Mackenzie / Robynmac (gor/mlu). **13 123RF.com:** picsfive (mro). **Dreamstime.com:** Robyn Mackenzie / Robynmac (gor). **14-15 Getty Images / iStock:** Anastasiya Fursova. **15 Alamy Stock Photo:** Laszlo Podor (ur). **16 123RF.com:** picsfive (gor). **Dreamstime.com:** Publicimage (mlu). Shutterstock.com: Alexisaj (mru). **16-17 Alamy Stock Photo:** agefotostock / J M Barres. **17 Dreamstime.com:** Robyn Mackenzie / Robynmac (gol/Sticker); Juriah Mosin (gol); Wirestock (mr). **18-19 Getty Images** / iStock: E+ / Richinpit. **19 Dreamstime.com:** Epicstock (ur). **20 123RF.com:** picsfive (ul). **Dreamstime.com:** Robyn Mackenzie / Robynmac (mlo/mu, Sticker). **20-21 Shutterstock.com:** vladimir3d. 21 **123RF.com:** picsfive (go). **Dreamstime.com:** Robyn Mackenzie / Robynmac (gol/mro, Sticker). **22-23 NASA:** NASA Earth Observatory images by Joshua Stevens and Lauren Dauphin, using Landsat data from the U.S. Geological Survey and MODIS data from LANCE / EOSDIS Rapid Response. **23 Dreamstime.com:** Olrat (ur). **24 123RF.com:** picsfive (u). **Alamy Stock Photo:** Wend Images (ul). **Dreamstime.com:** Robyn Mackenzie / Robynmac (mlu/Sticker). The Ocean Cleanup: (mru). **25 123RF.com:** picsfive (gol); willyambradberry (mru). **Dreamstime.com:** Robyn Mackenzie / Robynmac (gom/mo). **Shutterstock.com:** Broadbelt (m). **26-27 Science Photo Library:** John Clegg. **27 Dreamstime.com:** PawelGPhoto (ur). **29 Alamy Stock Photo:** Malcolm Park (mugr); Scenics & Science (mu, mu/Kieselalgen). **Dreamstime.com:** Puntasit Choksawatdikorn (mru). **Getty Images:** De Agostini Picture Library (mru/Phytoplankton). **naturepl.com:** Gary Bell / Oceanwide (mugr/Qualle). **Science Photo Library:** NASA (gol). **30-31 Dreamstime.com:** Ethan Daniels. **31 Dorling Kindersley:** David Wilson / Freshwater (gor). **32 Alamy Stock Photo:** John Lunt (mlu). **Dreamstime.com:** Robyn Mackenzie / Robynmac (ml). **33 123RF.com:** picsfive (mro). **Alamy Stock Photo:** imageBROKER / Gerhard Zwerger-Schoner (mru); Scubazoo (mo). **34-35 Alamy Stock Photo:** Jeff Rotman. **35 naturepl.com:** Shane Gross (ur). **36 Alamy Stock Photo:** SeaTops (gol). **37 Dreamstime.com:** Alle (mlu/Biene); Robyn Mackenzie / Robynmac (gom); Shauna286 (gol); Andreusk (mr/ml); Natalia Bachkova (mru). **38-39 BluePlanetArchive.com:** Saul Gonor. **39 Alamy Stock Photo:** Kelvin Aitken / VWPics (ur). **40 123RF.com:** picsfive (mlu). **Dreamstime.com:** Robyn Mackenzie / Robynmac (ml). **41 123RF.com:** picsfive (ur). **Alamy Stock Photo:** Sabena Jane Blackbird (mr); Suzanne Long (gol). Rachel Austin: (m). **Dreamstime.com:** Robyn Mackenzie / Robynmac (mro); Wirestock (ul). **42-43 Alamy Stock Photo:** imageBROKER / J.W.Alker. **43 Shutterstock.com:** frantic00 (ur). **44 123RF.com:** picsfive (u). **Dreamstime.com:** Robyn Mackenzie / Robynmac (mru/mlu); Tamifreed (go). **naturepl.com:** David Fleetham (mru). **45 123RF.com:** picsfive (mr, mru). **Alamy Stock Photo:** Reinhard Dirscherl (mlo). **46-47 Alamy Stock Photo:** Franco Banfi / Biosphoto. **47 Alamy Stock Photo:** Francois Gohier / VWPics (ur). **48-49 Dreamstime.com:** Chainarong Phrammanee. **49 123RF.com:** picsfive (mro). **Dreamstime.com:** Diverstef (ur); Robyn Mackenzie / Robynmac (mlo/mr). **50-51 Getty Images:** Awashima Marine Park / Staff. **52 123RF.com:** picsfive (ml). **Alamy Stock Photo:** Nature Picture Library (ur). **Dreamstime.com:** Tatiana Belova (mo); Robyn Mackenzie / Robynmac (mlu); Vladvitek (ul). **52-53 123RF.com:** picsfive (u). **53 123RF.com:** picsfive (mr). **Alamy Stock Photo:** Flip Nicklin / Minden Pictures (mro); Kelvin Aitken / VWPics (ur). **Dreamstime.com:** Robyn Mackenzie / Robynmac (mo/mru). **54-55 Getty Images:** Moment / Aleksei Permiakov. **55 Dorling Kindersley:** Linda Pitkin (gor, mro). **56-57 Dorling Kindersley:** Linda Pitkin (mu, m). **56 Science Photo Library:** Walter E. Harvey (ul). **Shutterstock.com:** Mayumi.K.Photography (gol); Mike Workman (m); phiseksit (mru). **57 123RF.com:** picsfive (go, u). **Alamy Stock Photo:** Amar und Isabelle Guillen - Guillen Photo LLC (um); Blue Planet Archive MCH (ur); Fabrice Bettex Photography (um/Hexabranchus). **Dorling Kindersley:** Linda Pitkin (mu). **Dreamstime.com:** Robyn Mackenzie / Robynmac (mlu). **58-59 Alamy Stock Photo:** Terry Moore / Stocktrek Images. **59 Dreamstime.com:** Dirk Jan Mattaar (ur). **60-61 123RF.com:** picsfive (u). **60 Alamy Stock Photo:** Ben Cropp / Auscape (gol); Visual&Written SL / Kelvin Aitken (mo). **Dreamstime.com:** Robyn Mackenzie / Robynmac (mlu). **Getty Images:** Auscape / Universal Images Group (mru). **61 123RF.com:** picsfive (mru). **Alamy Stock Photo:** Nature Picture Library (gor). **Dreamstime.com:** Robyn Mackenzie / Robynmac (m/mru). **Shutterstock.com:** DiveSpin.Com (mlu). **62-63 Alamy Stock Photo:** Brandon Cole Marine Photography. **63 Dreamstime.com:** Seadam (ur). **64 123RF.com:** picsfive (mro). **Dreamstime.com:** Cynoclub (mr); Robyn Mackenzie / Robynmac (mro/Sticker). **Getty Images:** Salena Alberti / Foap (ul). **Getty Images / iStock:** Placebo365 (m). **65 123RF.com:** picsfive (go). Marlin Harms: (mu). **66-67 Alamy Stock Photo:** David Fleetham. **67 Alamy Stock Photo:** Water-Frame_tat (ur). **68 123RF.com:** picsfive (mu). **Dreamstime.com:** Cynoclub (gor). 68-69 **naturepl.com:** Nature Production (u). **69 Dreamstime.com:** Feathercollector (gol); Robyn Mackenzie / Robynmac (gom). **naturepl.com:** Nature Production (mr). **70-71 Alamy Stock Photo:** Robert Wyatt. **71 Alamy Stock Photo:** WILDLIFE GmbH (ur). **72 123RF.com:** picsfive (gor). **Alamy Stock Photo:** Nature Picture Library / Hanne & Jens Eriksen (gol). **Dreamstime.com:** Robyn Mackenzie / Robynmac (gom). **72-73 Dreamstime.com:** Khunaspix. **73 123RF.com:** picsfive (mru, ul). **Dreamstime.com:** Robyn Mackenzie / Robynmac (mru/mlu); Michael Valos (gor). **74-75 Getty Images:** The Image Bank / Giordano Cipriani. **76 Alamy Stock Photo**: blickwinkel / B. Trapp (ml); Adisha Pramod (ur). **Dreamstime.com:** Robyn Mackenzie / Robynmac (mlo). **77 123RF.com:** picsfive (go). **Alamy Stock Photo:** Adrian Hepworth (gor). **78-79 Alamy Stock Photo:** Natural Visions / Heather Angel. **80-81 123RF.com:** picsfive (u). **80 123RF.com:** Micha Klootwijk / michaklootwijk (ur). **Dreamstime.com:** Andreykuzmin (ul). Dave Johnson: (mr). **Science Photo Library:** Dante Fenolio (ml, m). **Shutterstock.com:** mastersky (um). **81 123RF.com:** picsfive (go). **Alamy Stock Photo:** Blue Planet Archive SKO (ml); David Fleetham (um). **Dreamstime.com:** Andreykuzmin (ul); Natursports (ur). Dave Johnson: (mr). **Science Photo Library:** Doug Perrine / Nature Picture Library (m). **82-83 Getty Images:** Reinhard Dirscherl / ullstein bild. **83 Alamy Stock Photo:** Helmut Corneli (ur). **84 123RF.com:** picsfive (u). **Alamy Stock Photo**: D. Parer & E. Parer-Cook / Minden Pictures (gol). **85 Alamy Stock Photo:** Norbert Wu / Minden Pictures (gol). **86-87 Dreamstime.com:** Keolafirsov. **88 123RF.com:** whitcomberd (mlu). © Arthur Anker: (mu). **Dreamstime.com:** Bluehand (mru); Hotshotsworldwide (mlu/Papageifisch). **88-89 Dreamstime.com:** Seanothon. **89 Alamy Stock Photo:** Nature Picture Library / Alex Mustard (gor). **Dreamstime.com:** Robyn Mackenzie / Robynmac (gor/Sticker); Piboon Srimak (ur). **Science Photo Library:** (mlu). **90-91 Alamy Stock Photo:** Bazzano Photography. **91 Dreamstime.com:** Jos © Manuel Anelo Gonzįlez (ur). **92-93 123RF.com:** picsfive (u). **92 Alamy Stock Photo:** FLPA (um). **Dreamstime.com:** Robyn Mackenzie / Robynmac (mlu). **93 Dreamstime.com:** Robyn Mackenzie / Robynmac (ml); Jason Ondreicka (ul).

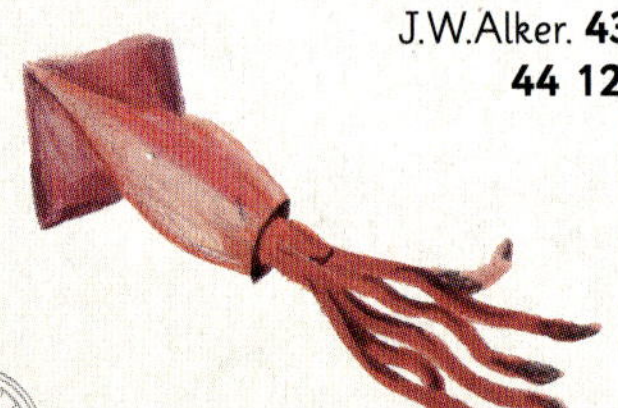

**94-95 Alamy Stock Photo:** Jeff Rotman. **95 Alamy Stock Photo:** Andrey Nekrasov (ur). **96 123RF.com:** picsfive (ur). **Dreamstime.com:** Robyn Mackenzie / Robynmac (mru). **Shutterstock.com:** Matt9122 (go). **97 123RF.com:** picsfive (u). **Dreamstime.com:** Robyn Mackenzie / Robynmac (mro); Jeff Stamer (gol); Smitty411 (mr). **98-99 Alamy Stock Photo:** Nature Picture Library / Franco Banfi. **99 Getty Images:** Moment / by wildestanimal (ur). **100-101 Alamy Stock Photo:** robertharding / Michael Nolan (go). **100 Alamy Stock Photo:** mauritius images GmbH / Reinhard Dirscherl (ul); **Nature Picture Library** / SCOTLAND: The Big Picture (ur). **Dreamstime.com:** Robyn Mackenzie / Robynmac (mru/Sticker). **101 123RF.com:** picsfive (u). **Dreamstime.com:** Robyn Mackenzie / Robynmac (mlu). **102-103 Getty Images / iStock:** RibeirodosSantos. **103 Science Photo Library:** Dante Fenolio (ur). **104 123RF.com:** picsfive (mru). **Caters News Agency:** Ronald Raasch (ml). **Dreamstime.com:** Robyn Mackenzie / Robynmac (mu). **104-105 123RF.com:** picsfive (u). **Getty Images:** imageBROKER / Andrey Nekrasov. **105 123RF.com:** picsfive (ur). **Alamy Stock Photo:** WaterFrame_fba (gol). **BluePlanetArchive.com:** Andy Murch (mru). **106-107 Getty Images:** Moment / Antonio Busiello. **108 123RF.com:** picsfive (u). **Alamy Stock Photo**: Alf Jacob Nilsen (ur). **Getty Images:** Corbis / Hal Beral (mro). **Getty Images / iStock:** The Image Bank / Oxford Scientific (um). **108-109 Dreamstime.com:** Seadam. **109 123RF.com:** Ten Theeralerttham / rawangtak (mro). **Dreamstime.com:** Sergey Frolov (mr). **Getty Images:** Moment / Cat Gennaro (gor). **110-111 Alamy Stock Photo:** Nature Photographers Ltd. / Paul R. Sterry. **111 Alamy Stock Photo:** Nature Picture Library / Solvin Zankl (ur). **112 Dreamstime.com:** Robyn Mackenzie / Robynmac (mlo/mru); Maurizio Milanesio (mru). **113 Alamy Stock Photo:** David Fleetham (ul); Nature Photographers Ltd. / Paul R. Sterry. **114-115 naturepl.com:** Pascal Kobeh. **115 Dreamstime.com:** Robyn Mackenzie / Robynmac (mru). **Getty Images:** Navith Yasasindhu / EyeEm (ur/Seahorse). **116-117 123RF.com:** picsfive (u). **116 Dreamstime.com:** Robyn Mackenzie / Robynmac (mlu). **Shutterstock.com:** Mekan Photography (ml). **117 Dreamstime.com:** Robyn Mackenzie / Robynmac (mro); Seadam (gol); Nicolas Voisin (mro/Hai). **118-119 Alamy Stock Photo:** WaterFrame_eda. **119 Alamy Stock Photo:** RGB Ventures / SuperStock / Scubazoo (ur). **120 Alamy Stock Photo**: John Burnham (ul). Dreamstime.com: Robyn Mackenzie / Robynmac (gor). **120-121 Dreamstime.com:** Simone Tognon. **121 123RF.com:** picsfive (mru). **Alamy Stock Photo:** Pally (gol). **Dreamstime.com:** Robyn Mackenzie / Robynmac (gol/Sticker). **Shutterstock.com:** Beau_G (mlu). **122-123 Alamy Stock Photo:** Brook Peterson / Stocktrek Images. **123 Alamy Stock Photo:** Underwater Imaging (ur). **124 123RF.com:** picsfive (mlu). **Dreamstime.com:** Robyn Mackenzie / Robynmac (ml). **124-125 Shutterstock.com:** Matt Tworkowski / Solent News (go). **125 Shutterstock.com:** Travis Potter (gor). **126-127 Alamy Stock Photo:** Nature Picture Library / Tony Wu. **127 naturepl.com:** Tony Wu (ur). **128-129 Dreamstime.com:** Seadam (go). Getty Images / iStock: Magnus Larsson (u). **129 123RF.com:** picsfive (mo/ul). **Alamy Stock Photo:** Images&Stories (gol). **Dreamstime.com:** Robyn Mackenzie / Robynmac (mo/gol). **Getty Images / iStock:** Magnus Larsson (mr). **130 Alamy Stock Photo:** Natural Visions / Heather Angel (go); Nature Picture Library / David Shale (ml). **Shutterstock.com:** Takokat (ur). **131 Alamy Stock Photo:** Norbert Wu / Minden Pictures (gol/ur). **Dreamstime.com:** Feathercollector (ul). **132 123RF.com**: picsfive (ul). **Dreamstime.com:** Robyn Mackenzie / Robynmac (mlu). **133 123RF.com:** picsfive (go). **Alamy Stock Photo:** Andreas Altenburger (ur). **Dreamstime.com:** Robyn Mackenzie / Robynmac (gol). **134-135 123RF.com:** picsfive (u). **134 Alamy Stock Photo:** Bluegreen Pictures / David Shale (m). **Dreamstime.com:** Robyn Mackenzie / Robynmac (mlu). **135 123RF.com:** picsfive (gor). **Alamy Stock Photo:** Bluegreen Pictures / David Shale (ml). **Dreamstime.com:** Robyn Mackenzie / Robynmac (gor/Sticker). **136-137 Getty Images:** The Image Bank Unreleased / Timothy Allen. **137 Dreamstime.com:** Serg269 (ur). **138 123RF.com:** picsfive (u). **Dreamstime.com:** Izanbar (gol); Robyn Mackenzie / Robynmac (ml/ur). **139 123RF.com:** picsfive (ul). **Alamy Stock Photo:** NSF Photo (mr). **Dreamstime.com:** Robyn Mackenzie / Robynmac (gol/mlu). **naturepl.com:** Doc White (gol). **140-141 naturepl.com:** Jordi Chias. **142 123RF.com:** picsfive (ur). **Dreamstime.com:** Robyn Mackenzie / Robynmac (mru). **Shutterstock.com:** Niklas Storm (ul). **142-143 Dreamstime.com:** Steve Estvanik; Jandirkhansen (u). **Shutterstock.com:** Stephan Morris (go). **143 123RF.com:** picsfive (mru). **Alamy Stock Photo:** REUTERS / Shannon Stapleton (mo). **Dreamstime.com:** Robyn Mackenzie / Robynmac (mro). **144-145 Alamy Stock Photo:** Miguel Angelo Silva. **145 SuperStock:** Richard T. Nowitz / age fotostock (ur). **146 Dreamstime.com:** Robyn Mackenzie / Robynmac (gom). **Getty Images**: Moment / Little Dinosaur (gor). **146-147 Dreamstime.com:** Seadam. **147 Getty Images:** Corbis Documentary / Krista Few (mo). **Science Photo Library:** NOAA (gor). **148-149 Science Photo Library:** Douglas Faulkner. **149 Getty Images:** Moment / Humberto Ramirez (ur). **150 Alamy Stock Photo:** Chronicle (ur); © Fine Art Images / Heritage Images (mro). **Dreamstime.com:** Robyn Mackenzie / Robynmac (mlu/mru). **Getty Images:** Universal Images Group / Universal History Archive (ul). **151 Alamy Stock Photo:** PA Images (mru); Bratislav Stefanovic (ul). **Dreamstime.com:** Robyn Mackenzie / Robynmac (mr). **Getty Images:** Bettmann (gol). **Shutterstock.com:** phmarcosborsatto (mro). **152-153 BluePlanetArchive.com:** David Wrobel. **153 Science Photo Library:** NOAA (ur). **154 Alamy Stock Photo:** Science History Images / Photo Researchers (gor). **Dreamstime.com:** Lars Christensen / C-foto (gol). **naturepl.com:** David Shale (mr). **Science Photo Library:** Dante Fenolio (mro). **155 123RF.com:** picsfive (gol/m). **Dreamstime.com**: Pawel Wierzchowski (ml/mo). **Shutterstock.com:** Jacques Dayan (gom/mro). **156-157 Getty Images:** Dana Stephenson / Stringer. **157 123RF.com:** picsfive (ur). **Dreamstime.com:** Robyn Mackenzie / Robynmac (mru). **158-159 Alamy Stock Photo:** Science History Images / Photo Researchers. **159 123RF.com:** picsfive (gor). **Alamy Stock Photo**: Adisha Pramod (gor/Krabbe); Science History Images / Photo Researchers (mlo). **naturepl.com:** David Shale (mr). **160-161 Getty Images** / iStock: E+ / koto_feja. **161 Alamy Stock Photo:** Jeffrey Isaac Greenberg 5+ (ur). **162 Dreamstime.com:** Robyn Mackenzie / Robynmac (mlu). **163 123RF.com:** picsfive (gor). **Dreamstime.com:** Elen33 (gol); Robyn Mackenzie / Robynmac (m); Dwight Smith (mo). **Shutterstock.com:** Minerva Studio (ur). **164-165 Ocean Exploration Trust. 165 NOAA:** (ur). **166-167 Ocean Exploration Trust. 166 Ocean Exploration Trust**: (mro). **Science Photo Library:** Expedition To The Deep Slope 2007, NOAA-OE (mru). 167 **123RF.com:** picsfive (go). **Alamy Stock Photo:** Science History Images (mu).

**Cover:** *Vorn*: **123RF.com:** epicstockmedia gor, Pavlo Vakhrushev / vapi mru; **Alamy Stock Photo:** Franco Banfi / Biosphoto ml, BlueOrangeStudio ur, WaterFrame_tfr ul; **Dreamstime.com:** Donyanedomam gom, Idreamphotos gor, Waraporn Meengoen go, Silvae1 um, Fenkie Sumolang / Fenkieandreas mu/ (Schlange); **Getty Images:** Dmitry Miroshnikov mlo; **Getty Images / iStock:** kwasny221 gol, LordRunar gol, Andrew Stowe mr, vlad61 mu, vojce mro; **Shutterstock.com:** ixpert m/ (Erde), OHishiapply, Dmitriy Rybin m; *Hinten*: **123RF.com:** epicstockmedia gol, Pavlo Vakhrushev / vapi mlu; **Alamy Stock Photo:** Franco Banfi / Biosphoto mr, BlueOrangeStudio gul, WaterFrame_tfr ur; **Dreamstime.com:** Donyanedomam gom, Idreamphotos gol, Waraporn Meengoen go, Silvae1 um, Fenkie Sumolang / Fenkieandreas mu/ (Schlange); **Getty Images:** Dmitry Miroshnikov mro; **Getty Images / iStock:** kwasny221 gor, LordRunar gor, Andrew Stowe ml, vlad61 mu, vojce mlo; **Shutterstock.com:** OHishiapply, Dmitriy Rybin m; *Rücken*: **123RF.com:** epicstockmedia go, Pavlo Vakhrushev / vapi mu; **Dreamstime.com:** Donyanedomam mo, Waraporn Meengoen, Neirfy mo/ (Delfine); **Getty Images / iStock:** vojce u.



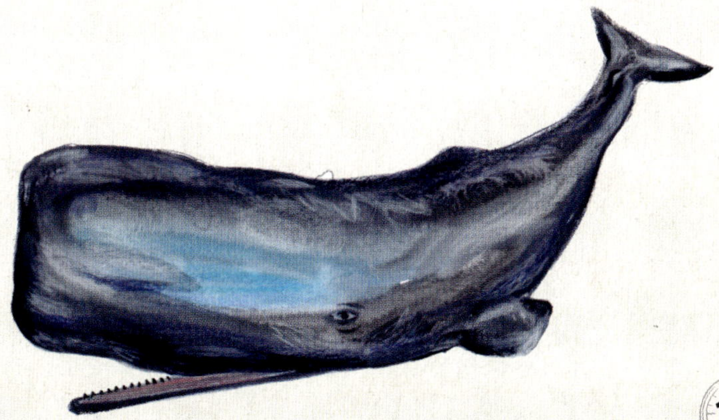

## Über die Autorin

Die Autorin und Regisseurin Annie Roth lebt in Kalifornien (USA) mit ihrem Verlobten und der dreibeinigen Katze Mr. Kitty. Sie liebt Wildtiere über alles und wenn sie nicht gerade töpfert, schreibt sie am liebsten über Tiere und die Leute, die sie erforschen. Dabei darf Mr. Kitty auf ihrem Schoß nicht fehlen.

## Über den Illustrator

Tim Smart liebt die Natur und zeichnet schon, seit er sich erinnern kann. Er wuchs an der Küste auf und war immer von den Geheimnissen der Meere fasziniert. Er ist Kunstlehrer in London (Großbritannien).